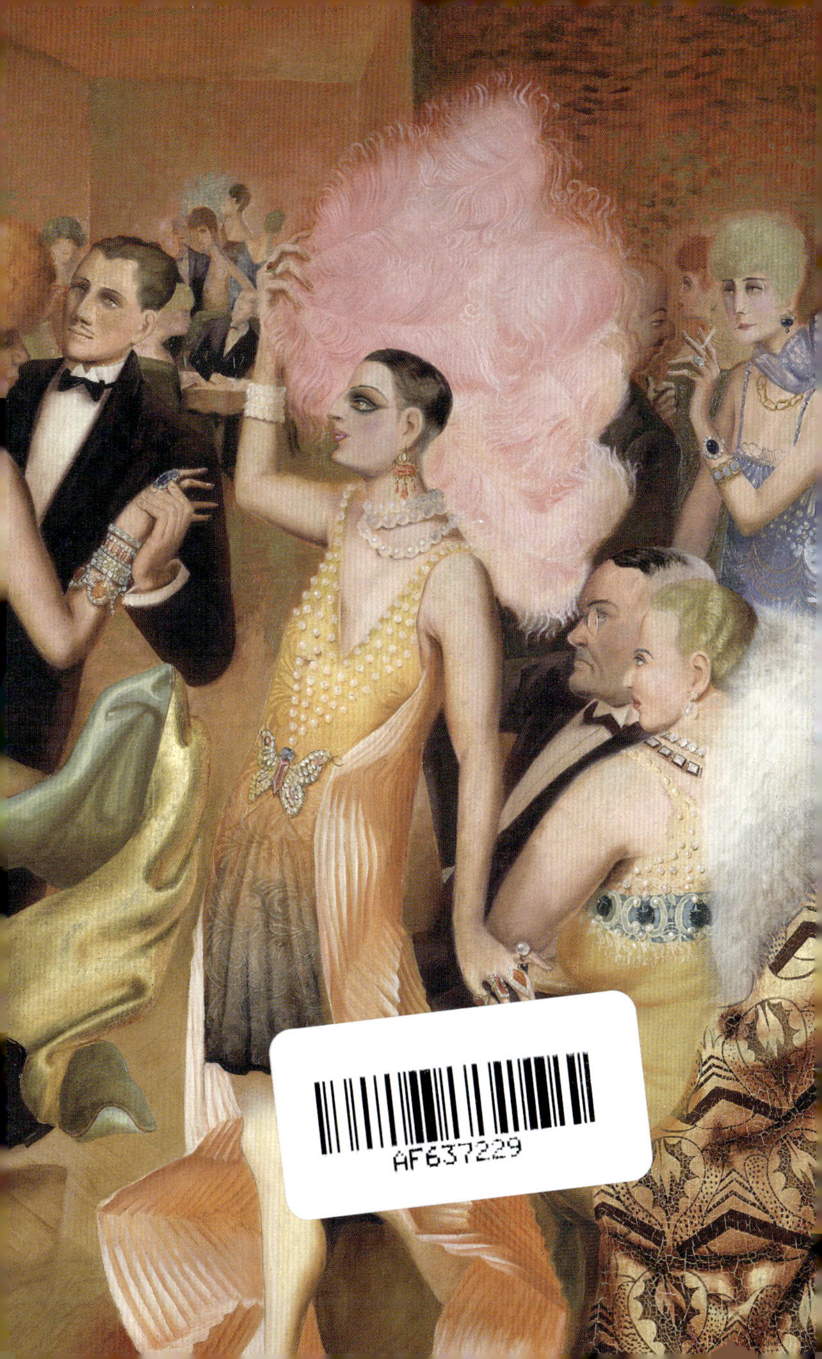

AF637229

WIENAND[S] KLEINE REIHE
DER KÜNSTLERBIOGRAFIEN

WEITERE TITEL:

MAX ERNST
ALEXEJ JAWLENSKY
ERNST LUDWIG KIRCHNER
GUSTAV KLIMT
KÄTHE KOLLWITZ
WILHELM LEHMBRUCK
MAX LIEBERMANN
AUGUST MACKE
PAULA MODERSOHN-BECKER
AMEDEO MODIGLIANI
EDVARD MUNCH
GABRIELE MÜNTER
EMIL NOLDE
CHRISTIAN SCHAD
EGON SCHIELE
MAX SLEVOGT
MARIANNE VON WEREFKIN

Gudrun Schmidt

OTTO DIX

Wienand

Inhalt

EXKURSE

Intensiver Ausdruck ist für mich alles. Es ist mein Wunsch, meiner Gegenwart ganz nahe zu kommen, erschlagend zeitnah zu sein, ohne mich einem künstlerischen Dogma zu unterwerfen. Farbe und Form können nicht das fehlende Erleben und die fehlende Ergriffenheit ersetzen. Ich bin bemüht, mit meinen Bildern zur Sinngebung unserer Zeit zu gelangen, denn ich glaube, ein Bild muß vor allem einen Inhalt, ein Thema aussprechen. Malen ist ein Versuch, Ordnung zu schaffen. Kunst ist für mich Bannung.

Otto Dix, 16. November 1947

Berühmt und berüchtigt

„Ich bin geboren am 2. Dezember 1891 in Untermhaus bei Gera als Sohn eines Eisengießers, besuchte die Volksschule in Untermhaus und lernte vom 14. bis 18. Lebensjahr Dekorationsmaler. Drei Jahre Kunstgewerbeschule in Dresden. Vier Jahre im Felde bei einer Maschinengewehr-Kompagnie. Darauf wieder nach Dresden und Düsseldorf und jetzt in Berlin." So fasst Dix 1927 seine bisherigen Lebensstationen kurz und bündig zusammen.

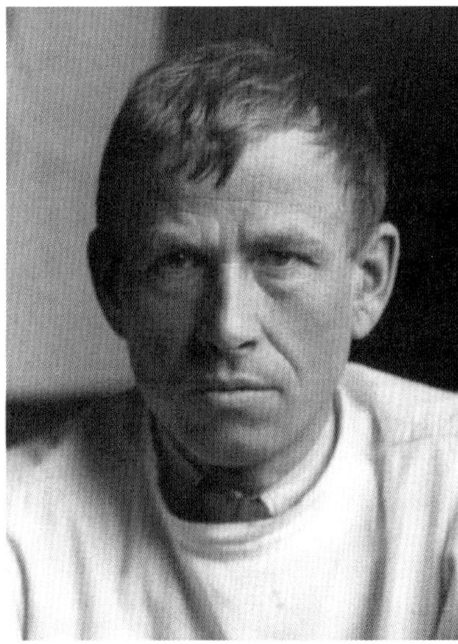

Otto Dix, um 1929, Foto: Hugo Erfurth

Er kann inzwischen auf ein künstlerisches Werk schauen, das nicht nur an Umfang bedeutend zu nennen ist, sondern auch in der breiteren Öffentlichkeit wie beim Fachpublikum große Resonanz findet und andererseits zu Skandalen und Prozessen führt. „Entweder ich werde berühmt oder berüchtigt" – Dix' spöttische, aber durchaus ernst gemeinte frühe Prophezeiung hat sich da schon in beide Richtungen erfüllt. Zu diesem Zeitpunkt ist der Künstler seit vier Jahren mit Martha Koch verheiratet und hat zwei Kinder, beide bereits in Berlin geboren: Nelly 1923 und Ursus 1927; ein Jahr später in Dresden wird Jan dazukommen. Dix blickt inzwischen auf einen beachtlichen sozialen Aufstieg zurück.

Jugend und Frühwerk

Als ältestes von vier Kindern hat er die Mühen des Vaters erlebt, in der Welt des ausgehenden 19. Jahrhunderts als Industriearbeiter mit großem Ehrgefühl die Familie im gehobenen Arbeiterstand zu halten. Die Mutter trägt als Näherin und Arbeiterin in einer Porzellanfabrik dazu bei. Insbesondere sie fördert die musische Begabung des Jungen. 1903 zeichnet er zum ersten Mal seine Eltern in ein Skizzenheft. Der Eindruck der Gerüche von Ölfarben und Lacken beim Cousin Fritz Amann, dem „Kunst"-maler, hat sicherlich beim früh vorhandenen Berufswunsch eine Rolle gespielt. Der Überlieferung nach sitzt der Junge Otto Dix für ihn auch Modell. Nach dem Besuch der Volksschule, wo sein Zeichenlehrer Ernst Schunke die Begabung erkennt und fördert, geht er in die Handwerkslehre zum Dekorationsmaler bei Carl Senff. Ein Stipendiumsgesuch des Vaters Franz Dix an den Fürsten von Reuß zum Besuch einer Kunstschule ist abgelehnt worden.

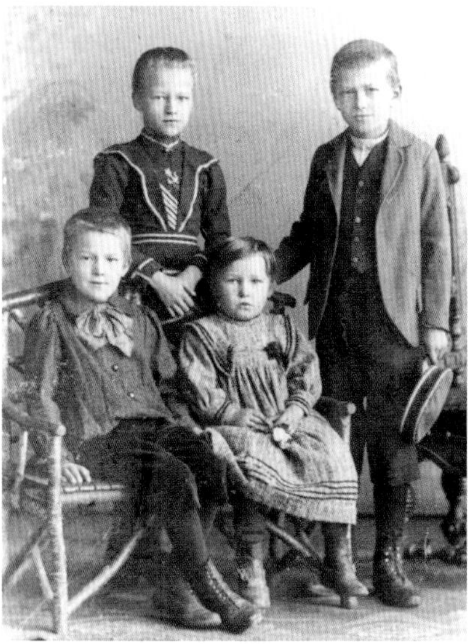

Otto Dix (rechts) mit seinen Geschwistern, 1902

Sofort nach Beendigung der Lehre, nun doch mit einem schmalen Stipendium durch das Hofmarschallamt des Fürsten versehen, verlässt er 1910 das Elternhaus in Gera und wechselt nach

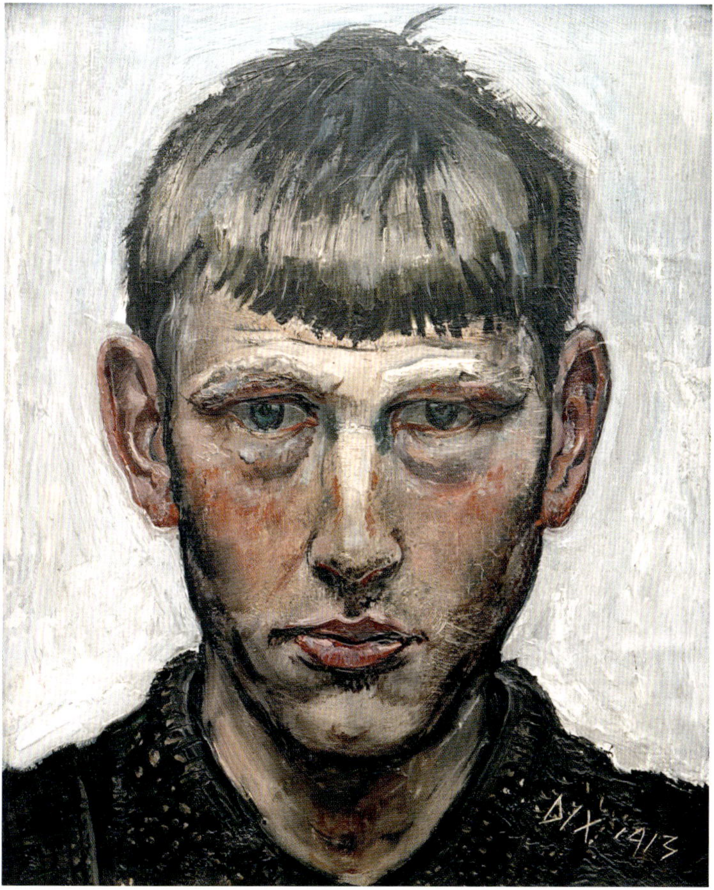

Kleines Selbstbildnis, 1913, Öl auf Leinwand, 35 × 29 cm

Dresden, wo er die Dekorationsmalerei an der Königlichen Kunstgewerbeschule fortsetzt. Der Beginn seiner künstlerischen Ausbildung im eigentlichen Sinn beginnt Ostern 1912, weiterhin in Dresden, in der Klasse „Figürliche Dekorationsmalerei" bei dem damals bekannten Maler und Bildhauer Richard Guhr. Das Aktstudium fordert ihn hier insbesondere zu großer Genauigkeit.

Bereits jetzt malt der angehende Künstler in jugendlichem Ungestüm Bild auf Bild und probiert seine künstlerischen Möglichkeiten von konservativ, nach den Maximen der Lehrer, bis abrupt schematisch-flächenhaft mit sämtlichen Zwischenstadien aus. Schon in diesen Jahren erweist er sich als hoch begabter Zeichner. Intensive Lektüre formt ihn ebenso wie zahlreiche Besuche in der Königlichen Dresdner Gemäldegalerie, wo er die Alten Meister studiert, auch kopiert, und seine Vorliebe für die Künstler der Renaissance diesseits und jenseits der Alpen entdeckt. Zu Marga Kummer in der benachbarten Modeklasse entsteht eine heftige Liebesbeziehung. Mit seinen Freunden und Kommilitonen Hans Bretschneider, Otto Baumgärtel und Otto Griebel teilt er die Bewunderung für Nietzsche, die lebensreformerische Mazdaznan-Lehre und die Begeisterung für die Kunstsprache Esperanto. Gemeinsam unternehmen sie auch weite Wanderungen.

Von der Van-Gogh-Ausstellung 1912 in der Galerie Arnold ist Otto Dix tief beeindruckt, ebenso wie von den in Dresden aktuellen Bildern Oskar Kokoschkas. So entstehen bereits in seiner ersten Ausbildungszeit beachtenswerte Werke. Zu ihnen zählt das Bild der *Pietà* von 1913. Das christliche Thema nimmt in verschiedenen Lebens- und Werkphasen von Otto Dix einen bedeutenden Platz ein. Ohne die allegorischen Verquickungen späterer Zeit wird in diesem Bild ganz allein der elementare Schmerz einer Mutter deutlich, die den nackten Körper des Sohnes liebevoll umfängt. Im Nachhinein wirkt die Darstellung unbewusst wie ein Hinweis auf die Leiden der Mütter im späteren Krieg, die der Künstler in seinem gesamten Schaffen deutlich als die Pole Tod und Eros begreift.

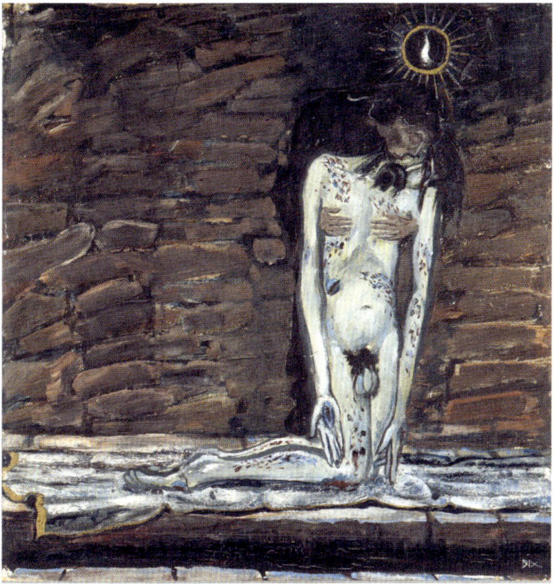

Pietà, um 1913, Öl und Goldbronze auf Malkarton auf Novopan, 49,3 × 46,5 cm

In dieser – seiner empfänglichsten – Lebensphase ist Dix stark von Nietzsches Philosophie beeindruckt und beeinflusst. Noch 1965 bemerkt er: „Schon 1911 habe ich Nietzsche gelesen und mich gründlich mit seinen Ansichten befaßt. Darum hat es mich auch so erbost, als die Nazis ihn für sich in Anspruch nahmen." Dass die *Pietà* bereits unter dem Eindruck der Nietzsche-Lektüre entsteht, ist wahrscheinlich.

Dix fühlt sich Nietzsche so nahe, dass er sich 1914 an eine Porträtbüste des Philosophen wagt. Es bleibt seine einzige bildhauerische Arbeit. Leider ist nur ein Foto von dem Kopf in Gips erhalten. Paul Ferdinand Schmidt erwirbt das überlebensgroße Bildnis für das Dresdner Stadtmuseum am Anfang der 20er-Jahre. 1937 zählt es zu den als „entartet" gebrandmarkten Werken des Museums, wird – wie das Bildnis der Eltern von Dix – 1939 von den Nazis zur Versteigerung nach Luzern gegeben und ist seitdem verschollen.

Der große Krieg

Nach dem Kriegsausbruch wird Dix im August 1914 zum Militärdienst eingezogen und am schweren Maschinengewehr ausgebildet; 1915 meldet er sich freiwillig an die Front. Sicherlich nicht nur im Familienkreis, sondern auch bei den Freunden löst Dix' Verhalten trotz der allgemeinen Kriegsbegeisterung Befremden aus. Kein anderer bildender Künstler hat das Massensterben beinahe vom Beginn bis zum Ende des Ersten Weltkriegs aktiv als Soldat erlebt, im Gegenteil. In vielen Biografien seiner Zeitgenossen findet sich das Bemühen, sich bei erster Gelegenheit vom Kriegsdienst freistellen zu lassen oder wenigstens nicht an die Front geschickt zu werden. Der Sanitätsdienst gilt oft als die Alternative. Dix dagegen lernt in den Jahren von 1915 bis zum Kriegsende 1918 den Stellungskrieg in Belgien, Frankreich und weiteren Frontteilen in sämtlichen Varianten kennen.

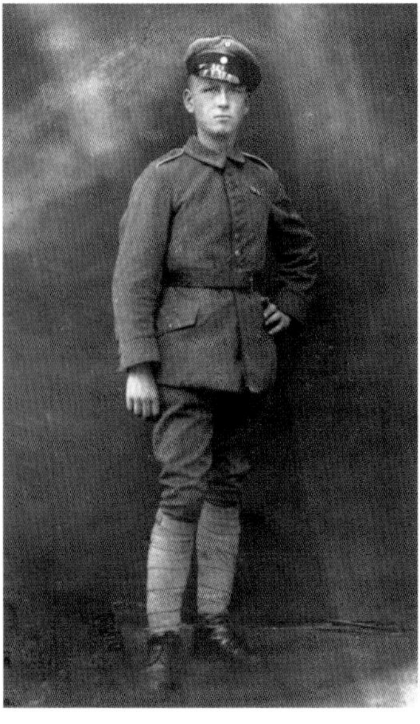

Otto Dix als Soldat, um 1917

Der Krieg war eine scheußliche Sache, aber trotzdem etwas Gewaltiges. Das durfte ich auf keinen Fall versäumen.

Otto Dix, nach 1918

Immer wieder wird Dix die Frage gestellt, weshalb er unbedingt teilnehmen wollte, und immer wieder hat er geduldig und überzeugend noch 1965 geantwortet: „Der Krieg ist etwas so Viehmäßiges: Hunger, Läuse, Schlamm, diese wahnsinnigen Geräusche. Ist eben alles anders. Sehen Sie, ich habe vor den früheren Bildern das Gefühl gehabt, eine Seite der Wirklichkeit sei noch gar nicht dargestellt: das Häßliche. Das durfte ich auf keinen Fall versäumen! Man muß den Menschen in diesem entfesselten Zustand gesehen haben, um etwas über den Menschen zu wissen. Vielleicht muß man das direkt mitgemacht haben. Es war wohl persönliche Veranlagung." Und direkt aus seinem Kriegstagebuch wissen wir von dem verhängnisvollen Satz: „Die Rache ist eines der bezeichnendsten Merkmale in diesem Krieg."

Bis ins Jahr 1936 beschäftigt ihn das Thema Krieg in sämtlichen ihm zur Verfügung stehenden künstlerischen Mitteln. Sein letztes Bild *Flandern* fußt 1936 auf dem Roman *Das Feuer* von Henri Barbusse. Noch in seinem Wandbild von 1960 im Rathaussaal von Singen thematisiert Dix den Krieg in der Gegenüberstellung von Krieg und Frieden. Als Maurer sieht er sich selbst auf der Seite des Friedens.

Immer wieder erntet er für seine Haltung eher Hass als Verständnis für die ungeschönte, wirklichkeitsversessene Wiedergabe. Die Frage nach dem „Warum" der Kriegsbilder, des Radierzyklus *Der Krieg* samt sämtlichen Vorarbeiten, des *Schützengrabens,* des Bildes *Grabenkrieg* von 1932 und des Triptychons *Krieg* beantwortet Dix mit: „Loshaben wollte ich's", und: „Ich habe nicht Kriegsbilder gemalt, um den Krieg zu verhindern. Das hätte ich mir niemals angemaßt. Ich habe sie gemalt, um den Krieg zu bannen. Alle Kunst ist Bannung, Künstler sollen nicht bessern und bekehren. Dazu sind sie viel zu gering. Nur bezeugen müssen sie."

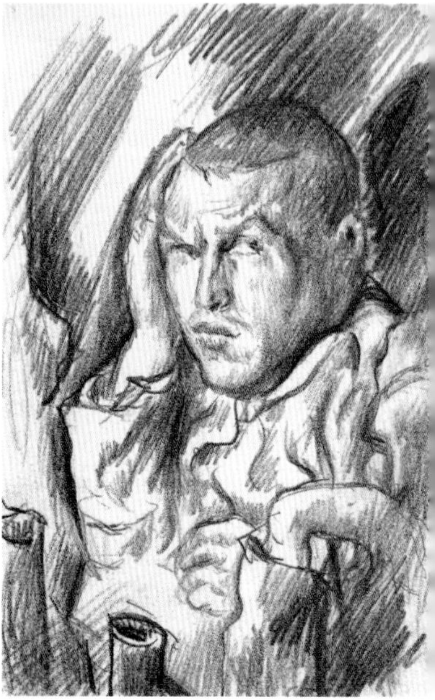

Selbstbildnis im Unterstand, 1916, Bleistift auf Postkarte

FELDPOSTBRIEFE VON DER FRONT

Als er den Krieg ganz unmittelbar erlebt, zwischen 1915 und 1918, schickt Dix als Ventil, um psychischen Druck loszuwerden, annähernd 300 Feldpostbriefe und -karten mit gezeichneten Schützengrabensituationen und Kommentaren mit lebendigen Beschreibungen an Helene Jakob, Esperanto-Verbündete in Dresden und Tochter seines Vermieters, des Hausmeisters der Kunstgewerbeschule, die „Kara samideanino": „Durch ein Kiefernwäldchen zieht sich der Graben. Wie Meereswogen schaukeln die Erdwälle, oben drauf schwimmts – zerfetzte Bäume, als wenn sie das Meer ausgespeit hätte, und unter diesen allen leben die Tiere in Höhlen, die Ratten, Mäuse, Menschen, Läuse und Flöhe. Tief wühlt der Stahl in der Erde Eingeweide, aber die drunten sitzen fest."

Dazwischen zeichnet er sich selbst als Teilnehmer des Grauens, das er in Frankreich, Flandern, Polen und Russland erlebt. 27 Einsatzorte sind im Militärpass eingetragen. Noch das schmale

Hochformat des Blättchens mit dem Selbstbildnis lässt die Enge des Schützengrabens nacherleben, „die labyrinthischen Gräben und Gänge". Quälende Pausen zwischen den Gefechten nutzt der junge Künstler sogar zu großformatigen Zeichnungen, etwa 500 entstehen, dazu an die 100 Gouachen. Mit Papier dafür versorgt ihn die Freundin in Dresden, ebenso mit Nietzsches *Fröhlicher Wissenschaft* und mit weiterer Literatur.

Handgemenge, 1917, Kreide auf Papier, 41, 3 × 39,8 cm

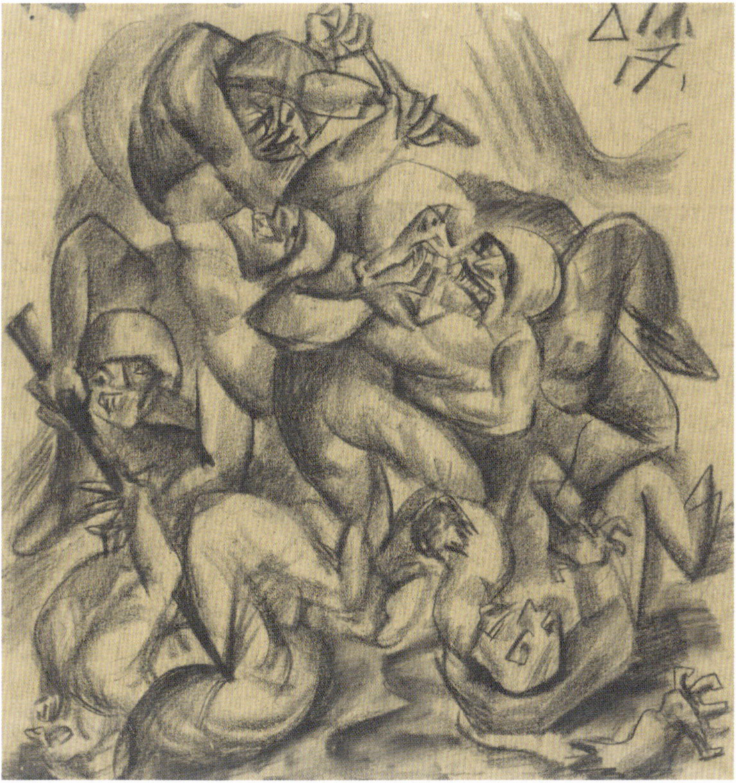

DADA

Mit dem grotesken Bild *Die Kriegskrüppel (mit Selbstbildnis)*, 1920 entstanden (ehemals Stadtmuseum Dresden; 1937 beschlagnahmt und seitdem verschollen), und dem *Fleischerladen* beteiligt sich Otto Dix an der Ersten Internationalen DADA-Messe in der Galerie Burchard, Berlin.

Nach dem Ersten Weltkrieg sind Musiker, Schriftsteller und bildende Künstler enttäuscht und desillusioniert und reagieren ablehnend auf bislang geltende bürgerliche Werte. Sie entwickeln eine provokative Antikunst zur Zerstörung von Konventionen und wollen das Bürgertum, das noch immer in Vorkriegsidealen und -werten befangen ist, bewusst schockieren. Zynisch und satirisch parodieren sie traditionelle Kunstformen. In der Literatur entstehen sinnfreie Lautgedichte, und die bildenden Künstler schaffen keine konventionellen Gemälde mit glatter Oberfläche mehr, sondern ungewöhnliche Konstruktionen aus Collagen, Montagen mit Fotos und beweglichen Teilen. Besonders junge Künstler demonstrieren mit ihrer lustvollen Revolte die Wut auf die Verantwortlichen der Katastrophen des neuen Jahrhunderts und das Elend der Nachkriegszeit in Deutschland.

Dix steuert zu den unkonventionellen Ausdrucksmitteln aufklappbare Bilder hinzu. Die durchstößt er aggressiv an Stellen der Darstellung, die blutige Details betonen.

Der mit Otto Dix befreundete Komponist Erwin Schulhoff vermittelt die Manifeste des Zürcher Cabaret Voltaire nach Dresden. Von hier besteht bald der Kontakt nach Berlin zum Kreis um den Fotomonteur John Heartfield sowie den Maler und Grafiker George Grosz. Verbindungen zum Oberdada Johannes

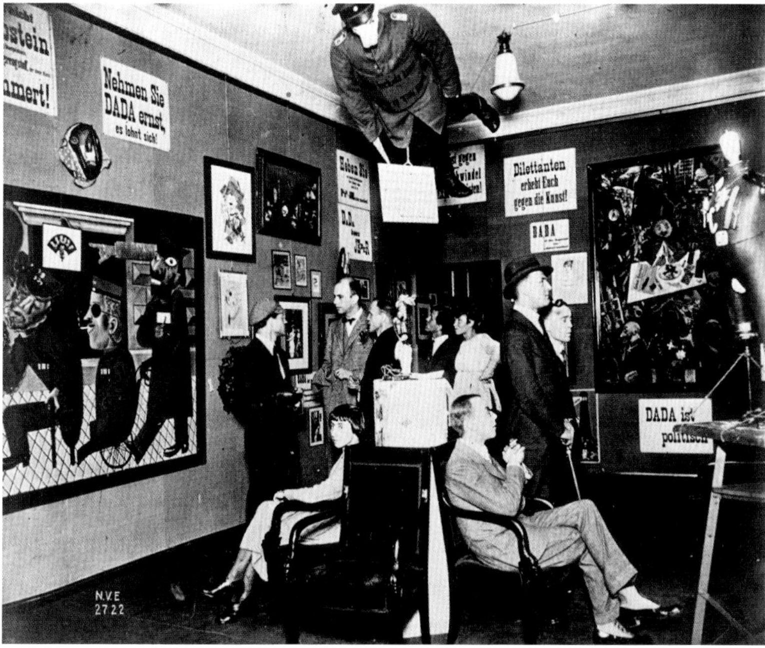

Eröffnung der Ersten Internationalen DADA-Messe 1920
in der Berliner Galerie Dr. Burchard

Baader sind belegt, ebenso zu Kurt Schwitters in Hannover. Zusammen mit Raoul Hausmann, Hannah Höch und Richard Huelsenbeck veranstalten die Berliner Kollegen im Januar 1920 in Dresden eine Dada-Soirée, die mit einer Prügelei endet.

Die Berliner und Dresdner Dadaisten der bildenden Kunst unterscheiden sich von anderen Gruppierungen durch ihre starke politische Haltung. 1921 beteiligen sie sich etwa an der sogenannten Heringsschlacht, einer Protestaktion der Erwerbslosen und Kriegskrüppel in Dresden. Nach kurzer Zeit ebbt die Bewegung ab und mündet in der zweiten Generation des Expressionismus und der Neuen Sachlichkeit.

Die Jahre in Dresden und Düsseldorf

Dorthin, nach Dresden, kehrt er Ende des Jahres 1918, Anfang 1919 einigermaßen unversehrt zurück – ein längerer Lazarettaufenthalt von Dezember 1916 bis März 1917 und ein weiterer im Jahr 1918 liegen nach Verwundungen dazwischen – und setzt nun an der Staatlichen Akademie der Bildenden Künste auf der Brühlschen Terrasse als Meisterschüler das Studium fort. Bereits jetzt hat er ein eigenes Atelier bei den Lehrern Max Feldbauer und Otto Gussmann. Wie zuvor sind verschiedene Stipendien behilflich, dasselbe auch später in Düsseldorf.

Seit 1911 kennt Dix vom Studium her den sechs Jahre jüngeren Conrad Felixmüller, der sehr rasch in Dresden und darüber hinaus als Künstler bekannt wird. Gemeinsam mit ihm gründet Dix die Dresdner Sezession-Gruppe 1919 als Zeichen des Zusammenhalts der Generation und zur Unterstützung von Ausstellungen in Dresden und Berlin. Nach den Kriegserfahrungen stehen „Wahrheit und Brüderlichkeit" als Werte im Zentrum. Felixmüller ist es auch, der Dix zur Druckgrafik führt. Zu Dix' großem Vergnügen entstehen daraufhin eine Reihe von Holzschnitten sowie die ersten **Lithografien*** und Radierungen, in der Mehrzahl Kaltnadelarbeiten. Dix fügt die Blätter 1920 zu kleinen thematischen Mappen zusammen, die Radierungen mit einer Auflage von höchstens 20. Sie erscheinen in der *Graphischen Reihe* des Dresdner Verlages.

Mit diesen Mappen empfiehlt er sich bei dem Kunsthändler und Arzt Hans Koch und der Kunsthändlerin Johanna Ey in Düsseldorf. Auch diese Verbindung in das künstlerisch lebendige Rheinland hat Conrad Felixmüller dem noch unbekann-

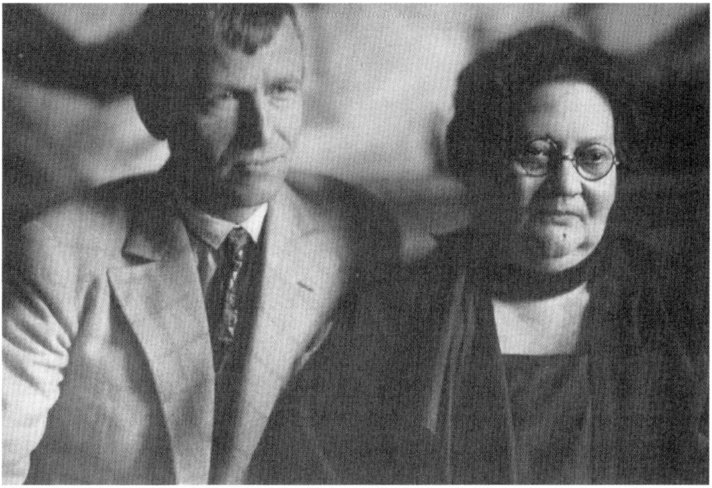

Otto Dix mit der Kunsthändlerin Johanna Ey, 1923

ten Dix bereitet. Hier erwecken die grafischen Arbeiten bei Generationsgefährten Neugier und führen 1921 zur Einladung nach Düsseldorf. Bald wird Otto Dix Mitglied in deren Künstlervereinigung Das Junge Rheinland und Freund der dortigen Maler. Am engsten und vertrautesten bleibt Gert Wollheim neben Arthur Kaufmann, Adolf Uzarski und Otto Pankok. Seine Radierungen haben zum ersten Mal einen bescheidenen kommerziellen Erfolg.

IM KREIS VON „MUTTER EY"

In Düsseldorf erhält Dix von dem Urologen Dr. Hans Koch 1921 seinen ersten ernsthaften Porträtauftrag und begründet mit diesem auffallenden, außergewöhnlichen Bild seine Karriere als Porträtmaler. Seine Aufnahme in den Kreis um „Mutter Ey", der legendären, couragierten Persönlichkeit, Anlaufstelle für junge mittellose Künstler, denen Johanna Ey die erste Ausstellungs- und Verkaufsmöglichkeit bietet, führt 1924 zu einem der bedeutendsten Porträts von seiner Hand. Anregend ist natürlich die unverwechselbare Physiognomie der bereits

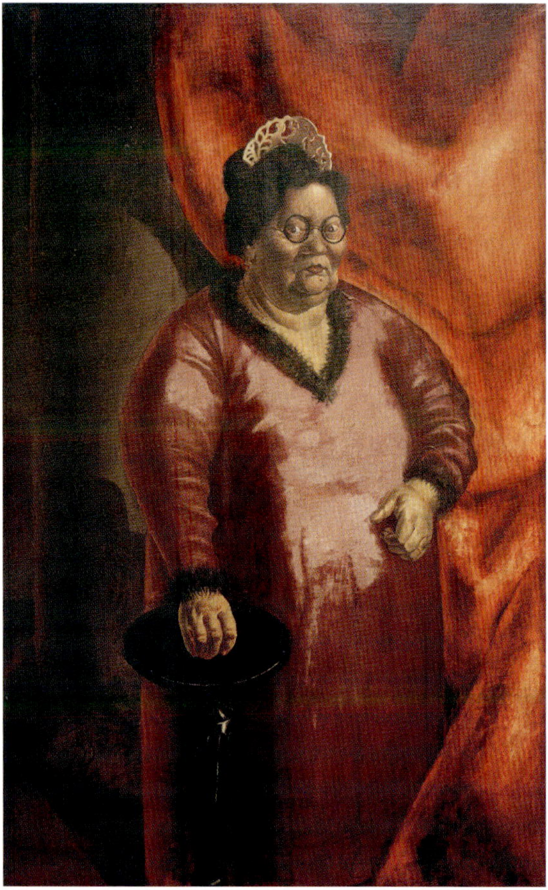

Bildnis der Kunsthändlerin Johanna Ey, 1924, Öl auf Leinwand, 140 × 90 cm

Eine königliche Erscheinung. Die Kunsthändlerin Johanna Ey steht in schwerer Körperlichkeit, aber königlicher Haltung vor einem Vorhang wie ehemals Herrscherpersonen, vom Hofmaler porträtiert. Ihre durchdringenden, wachen Augen hinter den sicherlich dicken Brillengläsern lassen keinen Zweifel an ihrer Kompetenz. Ihr Diadem erinnert an die mit Mustern gestanzten Papieruntersetzer von Torten in der Konditorei. Doch man wagt nicht, hier spöttisch zu reagieren.

älteren Frau. Nach unglücklicher Ehe und der Geburt vieler Kinder hat sie ein Kaffeestübchen in der Nähe der Kunstakademie gemietet, wo die Studenten auch anschreiben lassen können. Bereits hier ist sie mehr von den Menschen berührt als von den Ergebnissen ihrer Arbeit. Diese Eigenart behält sie bei der Gründung ihres Kunsthandels bei. Ihre Intelligenz ist mit Naivität gepaart und dabei mit sicherem Instinkt für das Echte. Damit begründet Johanna Ey ihren Erfolg.

Nun arbeitet Dix weiterhin in Dresden, ist aber auch phasenweise in Düsseldorf präsent. Im Herbst 1922 übersiedelt er für insgesamt drei Jahre an den Rhein. Formal wird Dix Meisterschüler bei Heinrich Nauen und erwirkt damit den Anspruch auf ein Atelier und ein Stipendium. Bei Wilhelm Herberholz erlernt er die Feinheiten der Aquatintatechnik für die Radierung, was wenig später bedeutend werden soll. Sehr rasch ändert sich die Situation: Der Maler und nun auch Grafiker Otto Dix ist bald in der Öffentlichkeit bekannter als seine ehemaligen Mitstudenten.

DIX UND DIE BERLINER AVANTGARDE

Dix' künstlerische Resultate wechseln in diesen Jahren zwischen Expressivität und veristischer Genauigkeit. Mit den Collage-Bildern von 1920 und 1921 rechnet er sich zur DADA-Bewegung und wird hier begeistert aufgenommen. Bei der Ersten Internationalen Dada-Messe der Galerie Burchard im Sommer 1920 in Berlin ist Dix beteiligt. Beinahe sämtliche Bilder dieser Richtung, „Bilder aus Stoff, Blech, Holz, bewegliche aufklappbare verschiebbare", wie Dix sie selbst beschreibt, sind während der Nazizeit entweder zerstört worden oder verschollen. Allein darum behält das erhaltene Bild *Die Skatspieler* von

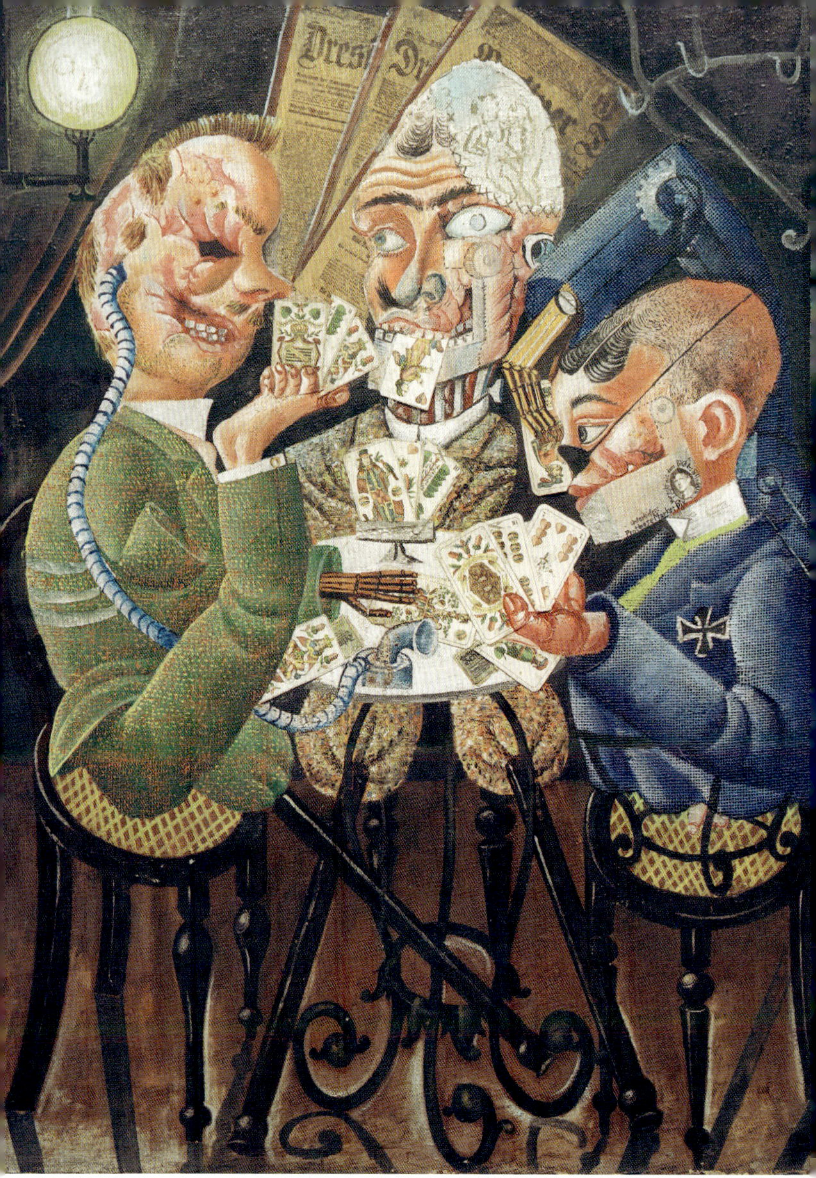

Die Skatspieler (auch: **Skatspielende Krüppel**), 1920,
Öl und Collage auf Leinwand, 110 × 87 cm

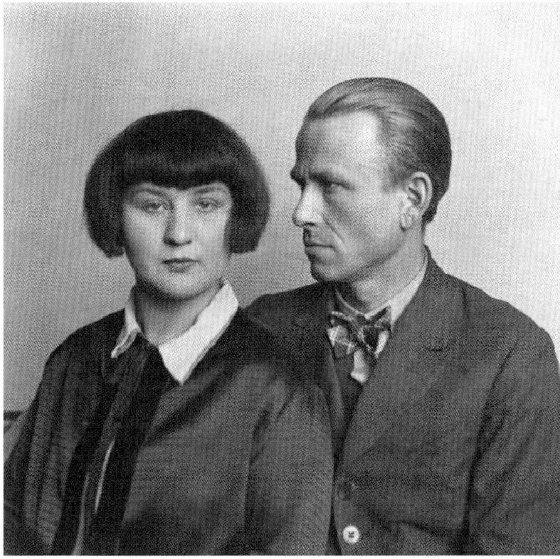

Otto und Martha Dix, 1929, Foto: August Sander

1920 mit seinem bissigen Charakter einen hohen Stellenwert. Bereits 1924 bekennt Dix jedoch in seinem Lebenslauf: „Ich füge nur noch hinzu, daß ich weder politisch noch tendenziös noch pazifistisch oder moralisch oder sonst wie bin. Auch nicht symbolisch, auch nicht französelnd malend – nicht für & nicht gegen bin." Von Dresden aus ist er bereits 1921 von der Berliner Secession zur Ausstellungsbeteiligung eingeladen und wird Teilnehmer an der *Großen Berliner Kunstausstellung*. In der von Lovis Corinth geführten Secession ist Dix mit seinen bedeutendsten Bildern von 1920 – *Die Skatspieler, Die Barrikade, Prager Straße* – vertreten.

Dix hat 1921 während seiner ersten Reise nach Düsseldorf dort seine spätere Frau Martha, geborene Lindner, kennengelernt. Sie ist mit dem Porträt-Auftraggeber Dr. Hans Koch verheiratet. Martha trennt sich von ihrem Ehemann Hans Koch und den beiden Kindern und folgt wenig später Otto Dix nach Dresden. Ihre Kinder verbleiben in Düsseldorf beim Vater in

An die Schönheit, 1922,
Öl auf Leinwand, 140 × 122 cm

der neuen Verbindung von diesem zu Marthas Schwester Maria Elisabeth. Zeitlebens haben alle Beteiligten ein freundschaftliches Verhältnis. Dix schafft „Bilderbücher" für Hanali und Mugli, selbst erzählte und gemalte Kleinode, wie später für seine eigenen Kinder. 1923 heiratet das Paar Martha und Otto Dix und bleibt in Düsseldorf, bis der Maler den Ruf nach Berlin erhält. Hier entstehen die ersten gewichtigen Porträts, bereits im Auftrag der Familien der Darzustellenden. Dix' Euphorie, beflügelt durch sein privates Glück, führen ihn zu der etwas selbstgefälligen Einschätzung: „Nach und nach wird es wohl klar, daß es außer Kokoschka und mir kaum noch Porträtisten in Deutschland gibt." Tatsächlich wird Dix zum sehr gefragten Bildnismaler mit den künstlerischen Höhepunkten in den 20er- und frühen 30er- Jahren.

Sich selbst sieht er in dem produktiven Jahr 1922 im Mittelpunkt des Ölbildes *An die Schönheit,* dandyhaft übertrieben modisch gekleidet und frisiert, mit dem technischen Fortschritt in der Hand, dem neuesten Modell des Telefons, lässig im Ausdruck und umgeben vom Tanzpublikum einer Bar mit Orchester.

DAS TRAUMA DES KRIEGES

Im Gegensatz zu diesem Bild gehören noch für lange Zeit die unausgesprochenen Traumata der Fronterlebnisse zu seinem Alltag. „Trümmer waren fortwährend in meinen Träumen." Er versucht, sie in Bildern, **Aquarellen** *, Zeichnungen und Radierungen zu verarbeiten, so in dem realistischen Blatt mit dem bösen Titel *Erinnerung an die große Zeit,* zuvor mit den Bildern der *Kriegskrüppel* und der *Skatspieler,* samt dem großen *Schützengraben*-Bild. Es sind die Hauptwerke aus der unmit-

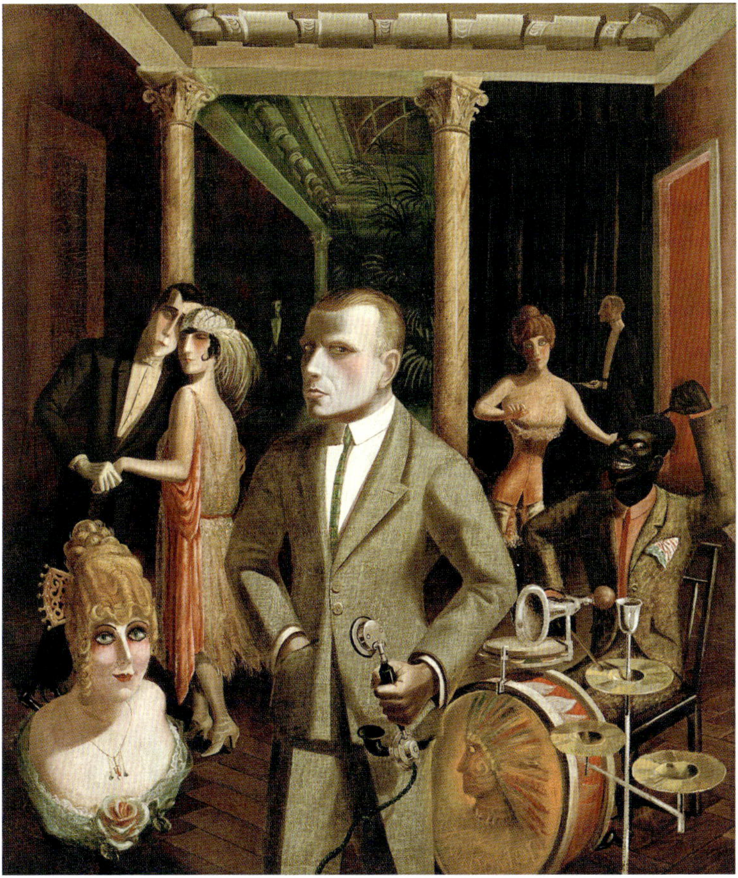

Der Künstler als moderner Dandy. Befremdlich eingefroren wirkt hier nicht nur die elegante, aber puppenhafte Szenerie während der Inflationszeit, sondern die surreal dazwischenstehende, Perücke tragende Büste im Vordergrund, die aus einem Friseursalon genommen scheint. Mit seiner Umwelt hat die starre Inszenierung nichts zu tun, wohl aber mit Dix' Bemühen in der Düsseldorfer Lebensphase, sich neben seiner schönen Frau entsprechend weltmännisch zu zeigen.

Der Schützengraben, 1923, Öl auf Leinwand, 227 × 250 cm, verschollen

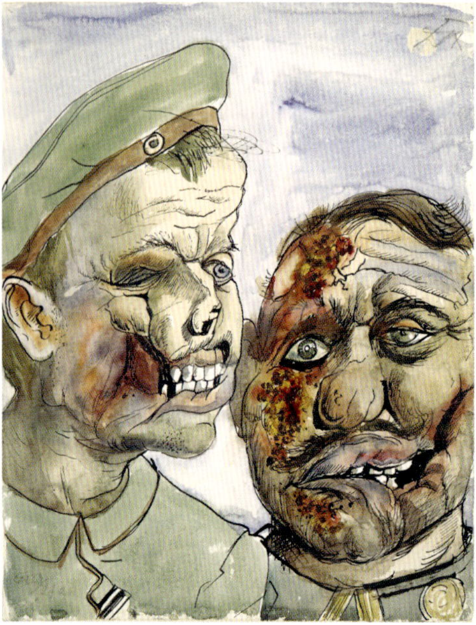

Zur Erinnerung an die große Zeit, 1923, Tusche und Aquarell auf Papier, 37,8 × 30,1 cm

telbaren Nachkriegszeit zum Thema der zahllosen, oft grausam verstümmelten Kriegsinvaliden, die jedem Mitmenschen täglich auf der Straße begegnen, aber von vielen nicht gesehen werden wollen. Besonders der Giftgaseinsatz an der Front mit seinen schockierenden Auswirkungen fordert Dix zum Festhalten im Bild. Den Schützengraben bannt er in seinem gleichnamigen großformatigen Bild von 1923 mit den Maßen 227 x 250 cm. Begonnen hat er die Arbeit dafür 1921in Dresden, vollendet wird es 1923 in Düsseldorf. Spätestens mit diesem Werk wird er öffentlich als anstößig rezipiert. Andererseits erwirbt der Maler Bewunderung wegen der schonungslos realistischen Darstellung.

Als das durch das Wallraf-Richartz-Museum angekaufte Bild nach einer Kampagne wütender Ablehnung zurückgegeben werden muss und der mutige Direktor Hans Secker ent-

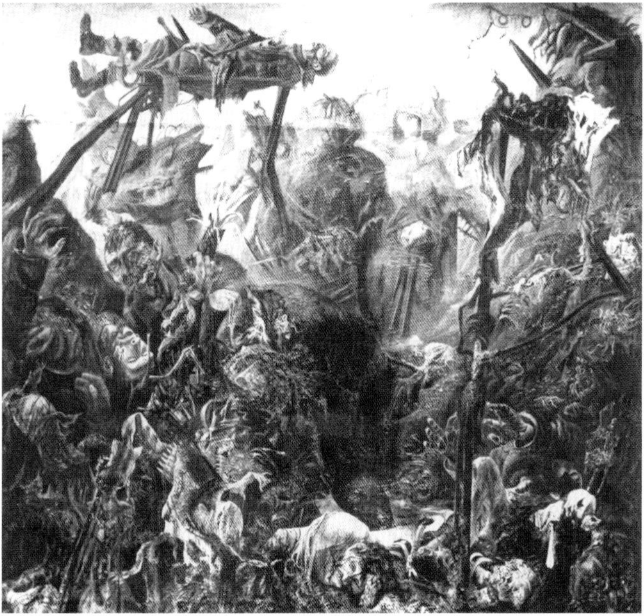

lassen wird, setzt sich zur Überraschung der Präsident der Preußischen Akademie der Künste in Berlin, Max Liebermann, öffentlich dafür ein. Liebermann selbst gilt mit seiner Kunst als Haupt des deutschen Impressionismus und ist mit seinen Themen und Motiven weit entfernt von dem Dix'schen Alltag. Er holt das Gemälde 1924 in seine Frühjahrsausstellung der Preußischen Akademie nach Berlin und lässt es im Katalog abbilden. 1925 wird es noch einmal in der Publikation *Nie wieder Krieg!* abgebildet und in der *Internationalen Kunstausstellung* in Zürich präsentiert. Einzig durch diese Schwarz-Weiß-Abbildungen wissen wir heute von seinem Aussehen, denn in den Schaustellungen der Nazi-Zeit zur Diffamierung der freien Kunst und Moderne des 20. Jahrhunderts wird dieses Bild als Hauptwerk der „entarteten Kunst" und als „gemalte Wehrsabotage" in vielen Ausstellungen vorgeführt. Seit 1940 gilt es als verschollen.

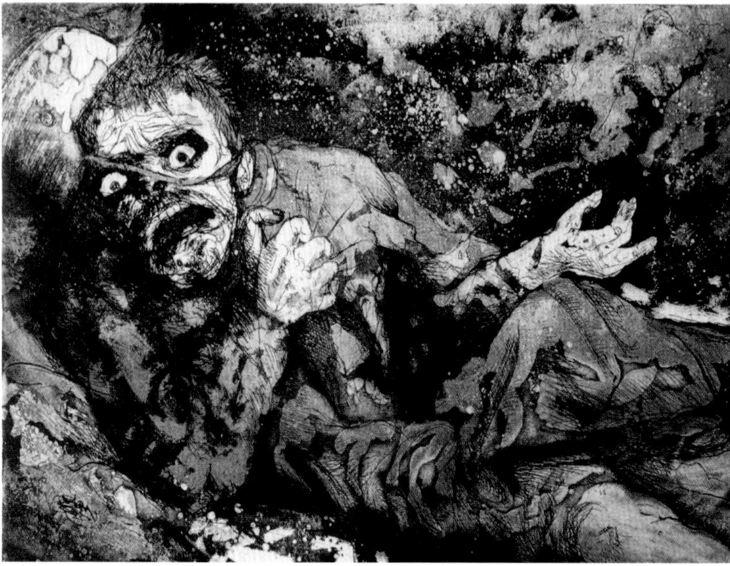

Verwundeter (Bapaume), aus der ersten Mappe des Radierzyklus *Der Krieg*, 1924

DER FÖRDERER UND PARTNER KARL NIERENDORF

Auf der anderen Seite gewinnt Dix mit seiner Malerei und Grafik bereits 1922 den Kunsthändler Karl Nierendorf. Er holt Dix später von Düsseldorf nach Berlin. Für sein großes Engagement über Jahrzehnte wird der Händler zum „Nierendix". Als Vermittler des *Schützengraben*-Bildes schickt Nierendorf das Gemälde 1924 in die internationale Ausstellung zum Antikriegsjahr.

Den ersten großen Anstoß für den Künstler unternimmt der Galerist mit der Edition des Radierzyklus *Der Krieg*. „Eine größere Propaganda ist für ein Mappenwerk noch nicht gemacht worden", so Nierendorf an Dix. Der Künstler hat in Düsseldorf das Radieren noch einmal solide handwerklich erlernt und begeistert 33 Blätter in kleinen Auflagen herausgegeben. Jetzt, ab Sommer 1923, wendet er die Technik zur Vorbereitung des

Es ist mir in einer sechzigjährigen Praxis zum Axiom geworden, daß über jedes neue Kunstwerk von neuem älteste ästhetische Dummheiten verbreitet werden […]. Was das Tendenziöse betrifft, so glaube ich, daß es kein Kunstwerk gibt oder geben kann, das nicht tendenziös wäre, wenn man unter Tendenz nach der wahren Bedeutung des Wortes die Absicht versteht, die Idee im Bilde lebendig zu gestalten. […] Das Bild von Dix ist sozusagen die Personifizierung des Krieges.

Max Liebermann, Brief an Hans F. Secker, *Mannheimer Tagesblatt*, 10. Oktober 1924

Zyklus in vielen Variationen an, wobei Dix sich nach eigener Aussage bei der stufenweisen Verwendung der Aquatinta langsam zum Alchimisten wandelt. Dazu studiert er während seiner ersten Reise nach Italien in Palermo die mumifizierten Leichen in der Kapuzinergruft und schreckt nicht vor zeichnerischen Studien in der Dresdner Pathologie zurück. Eine Fotosammlung von Kriegsverletzten mit schweren Verstümmelungen, die ihm der Fotograf Hugo Erfurth vergrößert, und Abbildungen in medizinischen Büchern komplettieren seine Art der Vorbereitung.

Von 1923 bis 1924 entstehen 50 Radierungen. Sie werden in einer Auflage von je 70 Blättern in der seit Jahrzehnten besten Tiefdruckerei mit hohem Ansehen weit über Deutschland hinaus, Otto Felsing in Berlin-Charlottenburg, gedruckt. Der Künstler teilt sie in fünf Mappen mit je zehn Radierungen auf. Sie stehen als seine Bilanz der Kriegserinnerungen in expressiver, drastischer künstlerischer Sprache, die keine Grausamkeit, keine Schilderung von Obszönitäten auslässt. George Grosz reagiert mit seiner Mappe *Gott mit uns* bereits provokant auf die neuerliche Versammlung der reaktionären Teile des Militärs in der Reichswehr.

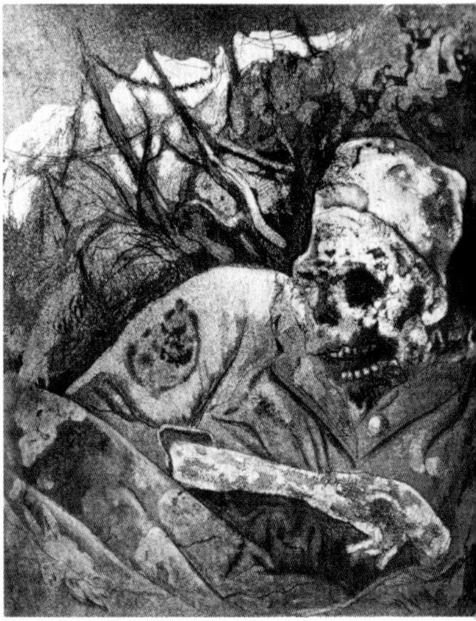

Leiche im Drahtverhau (Flandern), aus der zweiten Mappe des Radierzyklus *Der Krieg*, 1924

Für eine Volksausgabe der *Kriegs*-Mappen zum Antikriegsjahr 1924 gewinnt Nierendorf den bei Pazifisten durch seinen Roman *Das Feuer* von 1916 bekannten französischen Schriftsteller Henri Barbusse für einen Prolog zum Mappenwerk. Ihm gilt als Resümee: „Und deshalb gebührt diesem Künstler alle Ehre, der die Greuel der Verwüstung zu einer schrecklichen Vision formte, die wir nie wieder vergessen können." Der Verkaufserfolg der Mappen bleibt jedoch gering. Wieder polarisiert das Werk die Öffentlichkeit. Es wird bewundert als „Zeitdokument ersten Ranges" (*Vossische Zeitung*), dagegen als „zum Kotzen" (Julius Meier-Graefe) vernichtend verurteilt. Heute erscheint der Zyklus *Der Krieg* am ehesten wie eine Fortsetzung von Francisco de Goyas Radierfolge *Los Desastres de la Guerra* für das 20. Jahrhundert.

Karl Nierendorf erweist sich als treuer Partner mit großem Durchsetzungsvermögen. So erwirkt er bereits 1924 die erste Aquarellausstellung von Otto Dix in der modernen Abteilung der Nationalgalerie in Berlin, dem Kronprinzenpalais. 1926 verlegt er während seiner umfangreichen Dix-Ausstellung in der eigenen Galerie das erste Werkverzeichnis von dessen

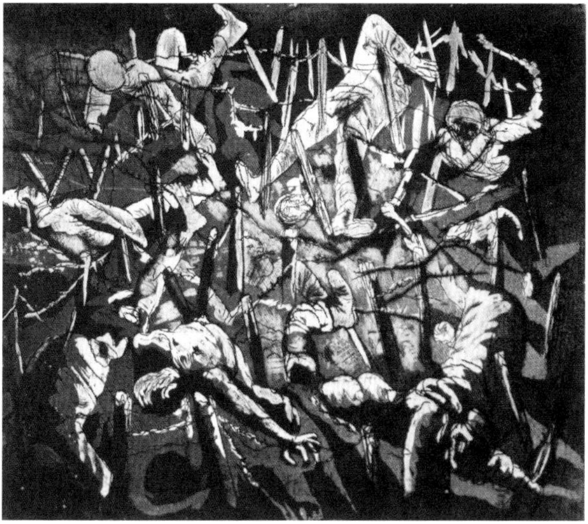

Totentanz Anno 17 (Höhe Toter Mann), aus der zweiten Mappe des Radierzyklus *Der Krieg*, 1924

Druckgrafik. So ist der Künstler bereits in der Stadt auch beim Publikum gut bekannt, bevor er nach Berlin zieht.

DIE ENTMENSCHENDE PROSTITUTION

Mit den nicht nur realistischen, sondern veristisch ungeschönten Darstellungen der Kriegsauswirkungen auf überlebende Soldaten und der indirekten Folge, der Zunahme der Prostitution, erlebt Dix in den frühen 20er-Jahren erneut Kritik und Feindschaften bis hin zu Gerichtsprozessen in Dresden und Darmstadt. Man wirft ihm Pornografie vor, doch er wird jedes Mal freigesprochen. Dix hat seine Begründungen zur Verteidigung immer sorgsam vorbereitet. So heißt es am 2. Oktober 1923 in Darmstadt über das Gemälde *Salon II*: „Der Beschuldigte erklärt: Die Idee des Bildes ist, die Prostitution in ihrer ganzen grauenhaften und entmenschenden Wirkung wahrheitsgemäß darzustellen, als gesellschaftliches Übel zu geißeln und ihre für Körper und Geist verheerenden Folgen überzeu-

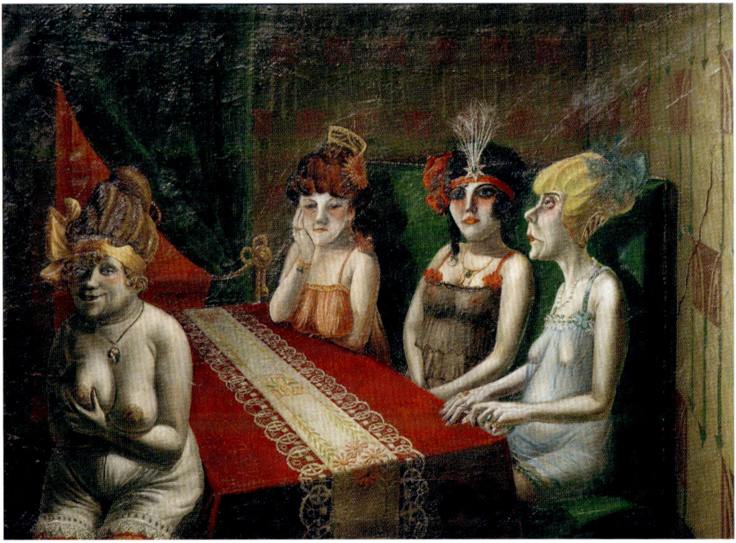

Salon I, 1921, Öl auf Leinwand, 86 × 120,5 cm

gend zu schildern." Andererseits fühlt Dix sich als Künstler vom tristen Milieu, von der Hässlichkeit der Umgebung und dem Vorgaukeln falscher Bürgerlichkeit – wie des Namens ‚Salon' – angezogen. Das soziale Elend in der Zeit der beginnenden Inflation in Deutschland demonstriert Dix in aller Deutlichkeit im Bild des *Salon I* von 1921. Hier sitzen vier aufgeputzte Damen im Bordell und warten gelangweilt-gleichgültig auf Kundschaft. Die anscheinend präzise Sachlichkeit, mit der die Benutzung von Frauen als käufliche Ware vorgeführt

Auch die fragwürdigsten Dinge sind der Betrachtung und Darstellung würdig und werden also auch geliebt. Einen Unterschied zwischen geistigem und materiellem Gehalt eines Bildes gibt es nicht. Otto Dix 1932 im Brief an Werner Haftmann

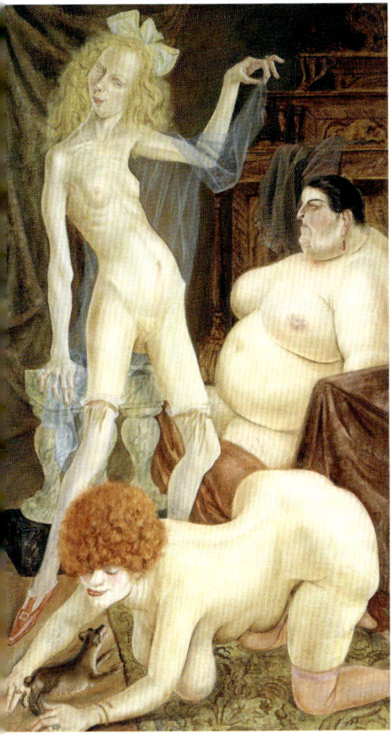

Drei Weiber, 1926, Öl und Tempera auf Sperrholz, 181 × 100,5 cm

Alles ist schön. Der kunsthistorisch außerordentlich interessierte und kenntnisreiche Maler nimmt das alte Thema der drei lieblichen Grazien auf und benutzt es mit diesem Motiv absichtsvoll pervertiert zur Provokation. Die magere Blonde als steile Vertikale erinnert an Lucas Cranachs *Venus* mit dem durchsichtigen Schleier in fast identischer Armhaltung. Dix steigert hier seine zahlreichen Darstellungen von Prostituierten in die Groteske. Aber: „Ich war gar nicht so aus auf die Darstellung des Häßlichen. Alles, was ich gesehen habe, ist schön. – Alles, weil es zum Leben gehört."

wird, hat eine neue Dimension gewonnen. Dazu äußert sich der Künstler selbst: „Ich habe nach 1918 entdeckt, das kann ich ja alles. Ich brauche es doch nur rauszuschmeißen. Kunst machten die Expressionisten genug. Wir wollten die Dinge ganz nackt, klar sehen, beinahe ohne Kunst. Die neue Sachlichkeit, das habe ich erfunden."

In diese Kategorie gehört auch das Bild *Drei Weiber* von 1926. Dix hat das Motiv in einem detailreichen **Karton** * nach Studien im Bordell vorbereitet. Er formuliert 1927: „Wahre Kunst wird immer danach streben, sich Ausdrucksmöglichkeiten zu schaffen, die über das Niveau des Alltäglichen hinausgehen."

Neue Sachlichkeit

Seit Gustav Friedrich Hartlaub als Direktor der Städtischen Kunsthalle Mannheim 1925 die Ausstellung *Die Neue Sachlichkeit – Deutsche Malerei seit dem Expressionismus* gezeigt hat, gilt dieser Name als Stilrichtung in der deutschen Kunst des 20. Jahrhunderts, verspottet als „Neue Süßlichkeit, Neue Gemütlichkeit oder Sachte Neulichkeit“ (Diether Schmidt). Das aufgewühlte, erregte Arbeiten wird abgelöst von großen, sachlichen und schlichten Formen, die das Gebaute, Statische der Komposition betonen, wörtlich bei Gebäuden in Landschaften und Großaufnahmen von Pflanzen, anscheinend emotionslos

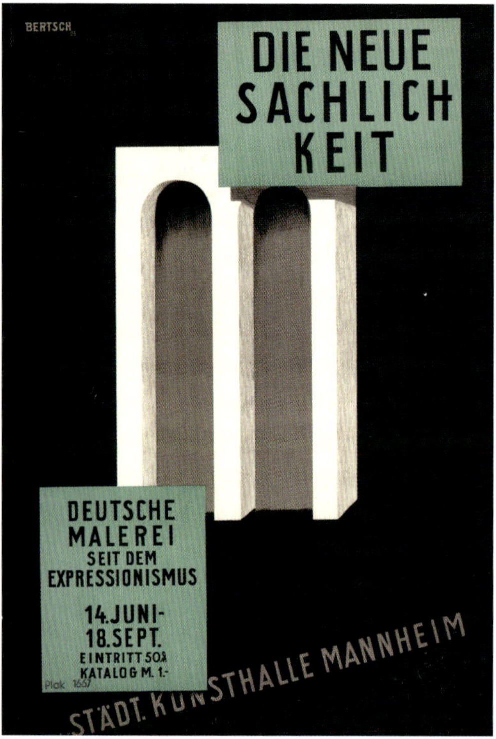

Plakat der Ausstellung
Die Neue Sachlichkeit
1925 in Mannheim

stilllebenhaft. Der Blick wirkt oft übergenau in Nahsicht erstarrt, und Personen scheinen regungslos erfasst. Es ist eine Sicht des Realismus, die, neben den tatsächlichen Stillleben, am ehesten zum Bildnis passt und hier am deutlichsten hohe künstlerische Ergebnisse bringt. Im Unterschied zum Expressionismus wird wieder eine technisch sorgfältige Malweise bevorzugt.

Es folgt die Hinwendung zur Stabilität, parallel zu der gesellschaftlich-politischen Sehnsucht nach Ruhe nach den Erschütterungen des Ersten Weltkrieges und den daraus entstandenen revolutionären Bewegungen. Nun lauert in Gesellschaft und Kunst die Gefahr der romantisierenden Biedermeierlichkeit. Dagegen arbeiten Künstler in unterschiedlichen Zentren Deutschlands zwar mit den Formen der Neuen Sachlichkeit, jedoch sozial engagiert in den Themen. Den Mittelpunkt bilden die Städte Berlin und Dresden. Die Auswirkungen der Kriegs- und Nachkriegszeit sind hier besonders deutlich. Otto Dix hat sie 1928 in seinem *Großstadt*-Triptychon noch einmal konzentriert zusammengefasst.

Gustav Hartlaub lädt zur Ausstellung in Mannheim diejenigen Künstler ein, die dem Stil als Gegenbewegung zum Expressionismus mit einem breit gefächerten, veristisch genauen Realismus huldigen, auch mit Harmonie, und andererseits sozial engagierte Themen vorzeigen. In Otto Dix' Gesamtwerk sind beide Tendenzen zu finden. Otto Dix ist in Mannheim mit sieben Bildern vertreten und gilt als ein Hauptvertreter der Neuen Sachlichkeit. Hartlaub schickt die Ausstellung weiter in mehrere deutsche Städte und erreicht damit für die beteiligten Künstler größere Aufmerksamkeit.

Der innere Zustand – Familienmensch und Porträtist

Parallel dazu entfernt sich der Künstler in diesen Jahren von der sozialkritischen, krass veristischen Sicht auf die Verwerfungen der Nachkriegszeit hin zu einer ungeschönten Sachlichkeit, die ihn zu einem der Hauptvertreter des Stilbegriffs der Neuen Sachlichkeit macht, der in der Mannheimer Ausstellung von 1925 geprägt wird.

Natürlich hat Dix sich zeitlich weit davor als jugendlicher Heißsporn in allen aktuellen Stilarten ausprobiert, und das besonders in seinen Selbstbildnissen. Sie bedeuten dem Künstler

Bildnis der Eltern I (Franz und Louise Dix), 1921, Öl auf Leinwand, 101 × 115 cm,

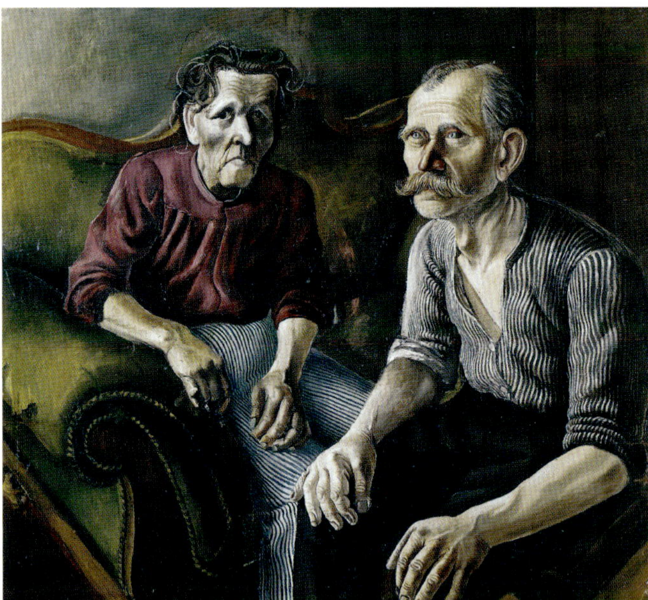

Wenn Dix die Menschen malt, so ist es auch, als ob er Protokolle aufnähme. Seine Porträts sind, wenn es einmal erlaubt ist, einen Filmausdruck zu gebrauchen: Groß-Aufnahmen, in einer Nahsicht aufgenommen, die die Dargestellten geradezu preisgibt.

Paul Westheim im *Kunstblatt*, 10. Jg. Heft 4, April 1926

das beinahe tägliche Überprüfen der Ehrlichkeit, nicht nur, weil ihm das Modell stets zur Verfügung steht. So bilden sie vom Beginn des künstlerischen Arbeitens bis zum letzten Jahr des Wirkens nach dem Schlaganfall das Gerüst des täglichen Bemühens. „Die Selbstbildnisse sind Bekenntnisse eines inneren Zustandes. Immer wieder stelle ich erstaunt fest: Du siehst doch ganz anders aus, als du dich selbst bis jetzt dargestellt hast. Es gibt da keine Objektivität, fortgesetzt erfolgt eine Wandlung; es gibt so viele Seiten eines Menschen. Am Selbstbildnis kann man das am besten studieren." Darum gehören kleine Selbstbildnis-Skizzen, bildhafte Zeichnungen, auch mit **Silberstift***, Holzschnitte, Radierungen und Lithografien ebenso zum Werk wie annähernd repräsentative Gemälde und Einbindungen in die Darstellungen seiner Familie. Ebenso folgt er seinen Vorbildern, den Alten Meistern, und zeigt sein Bildnis mehr oder weniger versteckt in Gemälden mit großen Themen, etwa den Triptychen. Immer spiegeln sie die augenblickliche Lebenssituation des Künstlers. Sie zeigen den von Kraft strotzenden, gegen äußere Widrigkeit angehenden Maler sowie den triumphierenden, leicht selbstgefälligen, Karriere machenden „Otto Hans Baldung Dix", wie George Grosz ihn spöttisch bezeichnet. Später sieht man den irritierten, resignierten, sich in der NS-Zeit einsam, in den 50er-Jahren zurückgesetzt fühlenden Künstler, der in seinem Spätwerk auch mit dem Alter hadert.

Zu den ausgewogensten Bildern des „inneren Zustands" zählen deutlich diejenigen, die Dix' enge Verbindung mit seiner Familie geradezu demonstrieren. Er wird als ausgesprochener Familienmensch beschrieben. Das gilt für die eigentliche Verbindung mit Ehefrau und drei Kindern wie für die Parallelverbindung in Dresden mit seiner Partnerin Käthe König sowie der gemeinsamen Tochter. Dazu gehört auch die innige Verbindung zu seinen Eltern, insbesondere zu seiner Mutter, zu den Geschwistern und durch sie auch zu seiner Geburtstadt Gera.

So beginnt eine repräsentative Porträtreihe 1921 mit dem *Bildnis der Eltern I (Franz und Louise Dix)*, dargestellt mit expressivem Ausdruck und Betonung der großen Hände als Zeichen für ein arbeitsreiches Leben. Es gehört zu der großen Zahl von Dix' Bildern, die von den Nationalsozialisten als „entartet" erklärt worden sind, doch für die dringend nötigen Devisen verwertbar schienen. Darum taucht es 1938 in der Auktion der Galerie Theodor Fischer in Luzern auf und wird von Georg Schmidt, dem jungen Direktor des Kunstmuseums Basel, für sein Museum ersteigert, zusammen mit vielen weiteren Bildern der Avantgarde des 20. Jahrhunderts aus deutschem Eigentum, zum Teil aus Museen. Georg Schmidt hat damit sehr wahrscheinlich diese Werke vor der Vernichtung gerettet.

Wohl die meisten Porträts in vielen Varianten gelten „Mutzli", der leidenschaftlich geliebten Ehefrau Martha. Eine ganze Ausstellung ist 2005 im Kunstmuseum Stuttgart ihrer Hommage gewidmet gewesen. Sie kommt aus begütertem, großbürgerlichem Elternhaus, ist musikalisch und überhaupt vielseitig gebildet. Als Person ist sie zudem attraktiv und immer

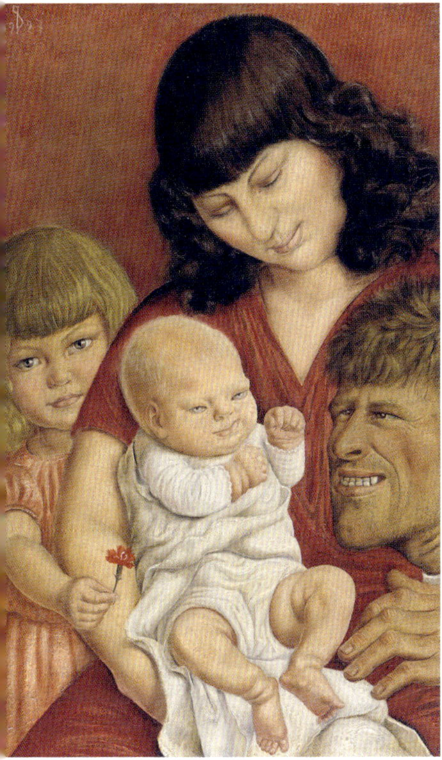

Familie Dix, 1927, Mischtechnik auf Holz, 80 × 50 cm

modisch gekleidet, dazu ziel- und selbstbewusst, was ihre Verbindung mit dem vielleicht schroff wirkenden, eher wortkargen Partner aus einfachen Verhältnissen phasenweise nicht konfliktfrei macht.

Spannungsfrei jedoch vereint Martha und den Maler die Liebe zum Tanzen, der sie beide in allen amerikanisch-modischen Jazzstilen unbekümmert frönen. Für Otto Dix bleibt vom gerade aktuellen Shimmy-sha-wabble-Tanz für lange Zeit sein selbst zugelegter Spitzname „Jim" oder „Jimmy" und die Neigung zu großstädtischem Ambiente.

In den Mutzli-Bildnissen beweist Dix, wie er das Porträt, „eine der reizvollsten und schwersten Arbeiten für einen Maler", beherrscht. Das Können gipfelt 1927 im geradezu liebevollen, in **Mischtechnik*** ausgeführten Bild *Familie Dix*. Da fehlt der jüngste Sohn Jan noch, und der Künstler selbst ist nur fragmentarisch am Rand mit Kopf und Hand präsent. Wichtig ist die pyramidenhaft aufgebaute Komposition mit Martha als Hauptfigur mit madonnenhafter Kopfneigung.

Die Pyramide wiederholt Dix in dem Porträt der *Familie des Rechtsanwalts Dr. Fritz Glaser* von 1925. Wie es sich gehört, bildet hier die Figur des Patrons die Spitze, der sich die Familienangehörigen unterordnen. Mehr als es den Beteiligten vielleicht lieb ist, sagt das Porträt über die Zusammenhänge innerhalb der Familie aus. Dix' Erfassen der äußerlichen Ähnlichkeit der Dargestellten, oft in leichter Übertreibung, und das gleichzeitige Eindringen in ihre Charakteristika lassen ihn tatsächlich zum Meister des Porträts wachsen. Verblüfft ist darum die Öffentlichkeit, als der Maler seine kleine Tochter als *Nelly in Blumen* vorstellt, geradezu als Rückgriff auf die deutsche Romantik und erinnernd an die pausbäckigen *Hülsenbeckschen Kinder* von Philipp Otto Runge aus den Jahren 1805/06.

Nelly in Blumen, 1924,
Öl auf Leinwand, 81 × 55,5 cm

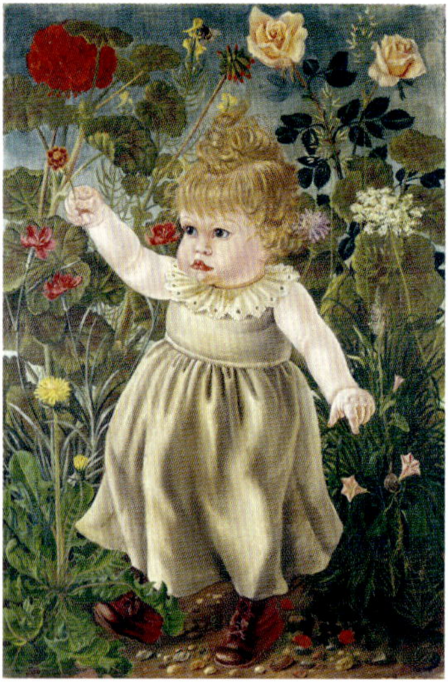

Die ersten kritischen Stimmen wegen einer Schaffenskrise werden daraufhin laut, trotzdem bleibt Dix unangefochten der führende, beliebteste Bildnismaler mit Aufträgen aus den bürgerlichen Gesellschaftsschichten sowie von Literaten und Intellektuellen der 20er- und frühen 30er-Jahre. Hier perfektioniert er seine altmeisterliche Maltechnik der **lasierenden*** **Temperaschichten*** auf grundiertem Sperrholz. Ohne Auftrag schockiert er gern mit

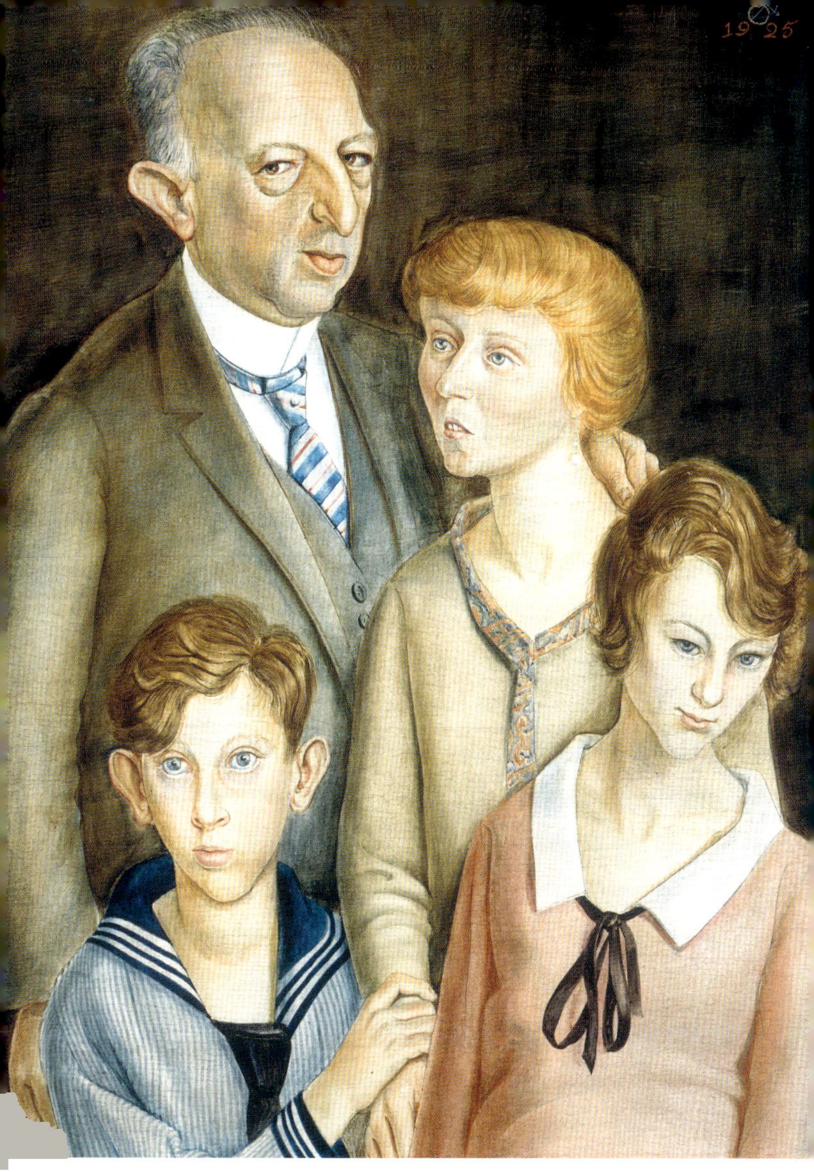

Familie des Rechtsanwalts Dr. Fritz Glaser, 1925,
Mischtechnik auf Sperrholz, 100 × 79 cm

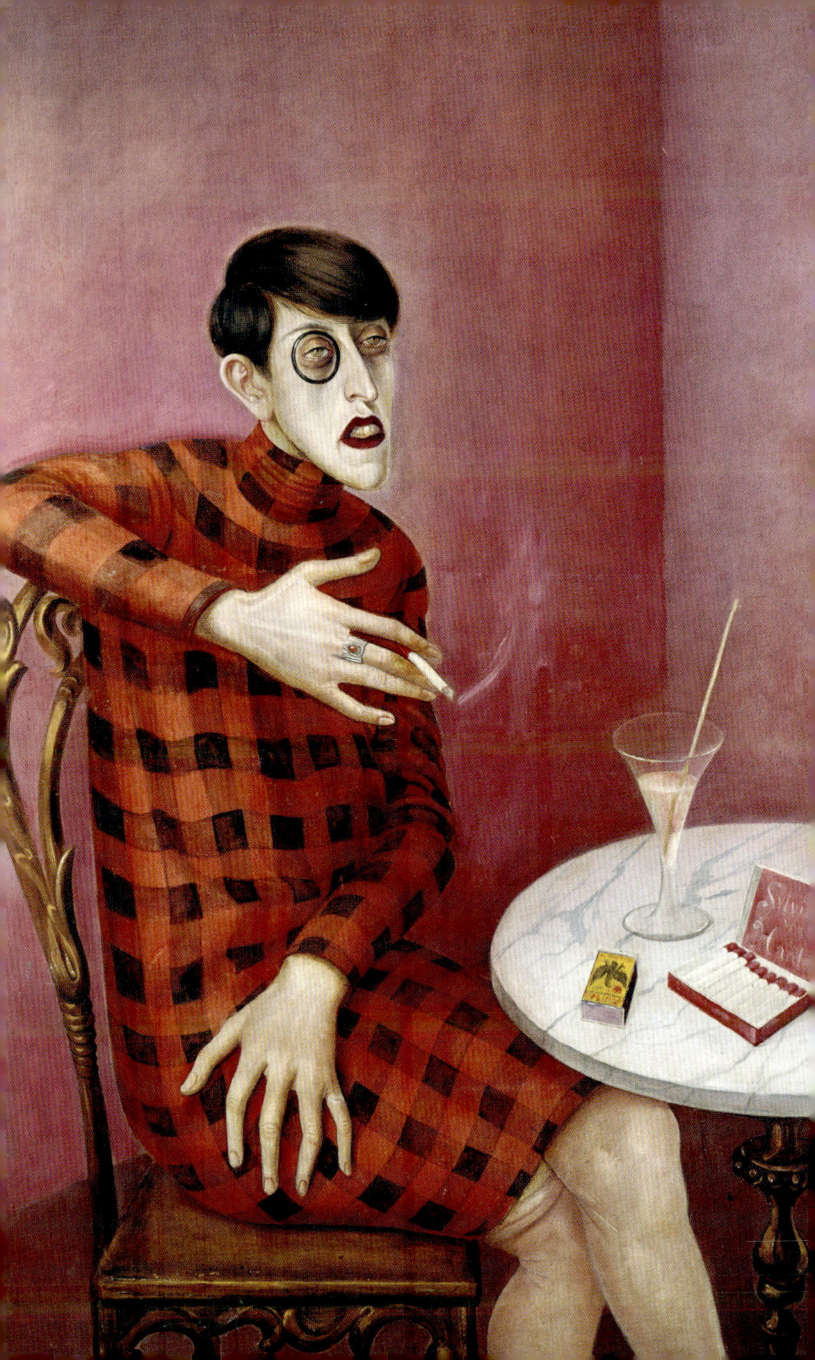

Bildnis der Journalistin Sylvia von Harden, 1926, Tempera und Öl auf Holz, 121 × 89 cm

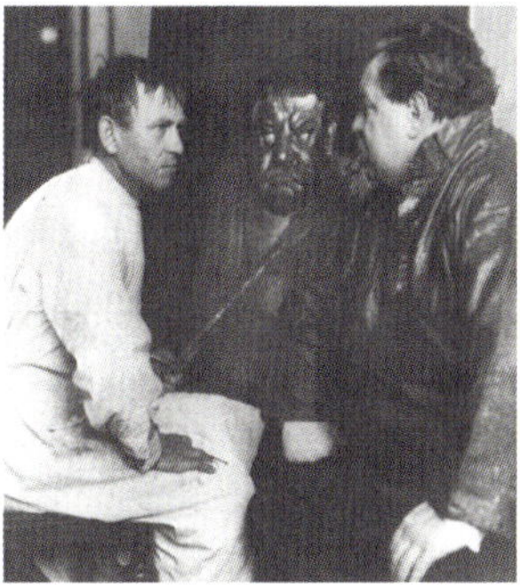

Otto Dix und Heinrich George, 1932, Foto: Hugo Erfurth

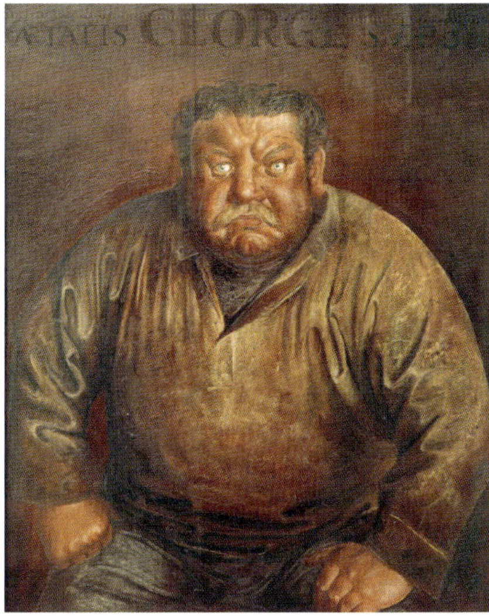

Bildnis des Schauspielers Heinrich George, 1932, Öl und Tempera auf Holz, 100 × 83,5 cm

den Porträts von Personen aus „verruchtem Milieu", wie dem der Nackttänzerin Anita Berber in schreienden Rottönen und der selbstbewusst im Beruf stehenden *Journalistin Sylvia von Harden* mit Bubikopf, Monokel und Zigarette. „Otto Dix ist ein sehr wortkarger Mann", erinnert sich Sylvia von Harden, „Reden gehört nicht zu seiner stärksten Seite und wenn er arbeitet, dann vergißt er vollkommen seine Umgebung."

Zu den letzten Porträtdarstellungen vor Dix' Degradierung 1933 gehört sein *Bildnis des Schauspielers Heinrich George* von 1932, dargestellt in der Filmrolle des Terje Wiggen in der Öljacke des Seemanns. Zweifellos bildet es einen Schaffenshöhepunkt. Berta Drews, Schauspielerin und Ehefrau von George, schätzt es als das beste Porträt ihres Mannes dank Dix' realistischem, entlarvendem Charakterisierungsbedürfnis. Maler und Schauspieler sind sich da bereits freundschaftlich verbunden. George bestellt weitere Arbeiten bei Dix.

Verismus

Der Verismus war eine der kurzen, starken Strömungen der bildenden Kunst am Beginn der 1920er-Jahre in Deutschland. Zuvor wurde der Begriff schon für sozialkritische Tendenzen in der italienischen Literatur und im Film verwendet. 1920 wird der Name von Wilhelm Hausenstein zum ersten Mal im Zusammenhang mit den Werken der Künstler Heinrich Maria Davringhausen und George Grosz gebraucht für die überdeutlich groteske, entlarvende Darstellung der Motive. Häufig sind

Prager Straße, 1920, Öl auf Leinwand, mit Collage, 100 × 80 cm

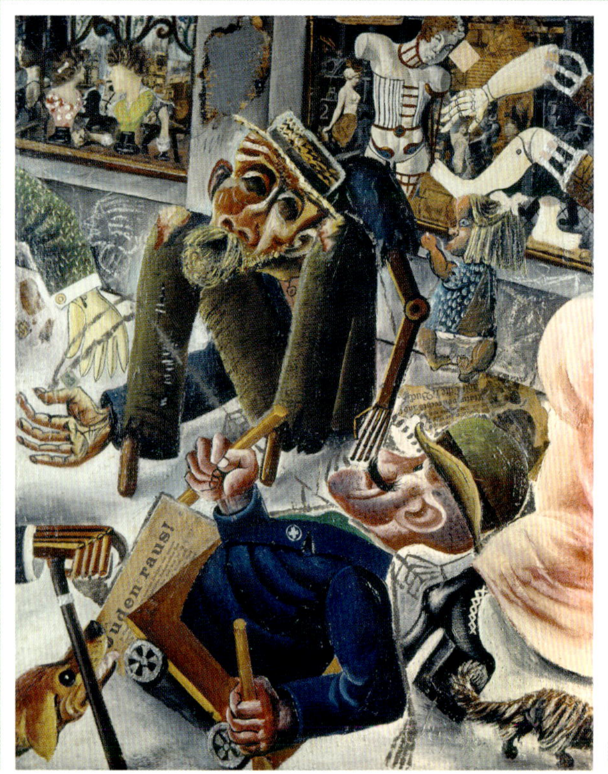

es nun sarkastische Bordellbilder und großstädtische Straßenszenen, denn hier werden gesellschaftliche Verwerfungen als Folgen des Ersten Weltkriegs besonders deutlich. Der Verismus gewinnt mit dieser Haltung absichtlich und provokativ niedrige, gewöhnliche Motive neu für seine Darstellungen. Somit ist er auch mit der DADA-Bewegung verbunden und mit ihrer politisch-sozialkritischen Richtung in Berlin und Dresden. Er stellt eine Gegenposition zum Expressionismus dar und reicht in der überdeutlichen Nahsicht der Motive bis zum Naturalismus. Der Verismus bietet keine Landschaftsmotive, sondern ist an das große Thema Mensch in seiner sozialen Formung als Inhalt gebunden und wird mit großer Leidenschaft vorgetragen. Groteske und Ironie sind darum zielführende Elemente. Bei George Grosz gilt als Höhepunkt seiner Zugehörigkeit die Grafikmappe *Gott mit uns*, bei Otto Dix sind es die Bilder und Aquarelle, Zeichnungen, Radierungen mit Bordell- und Mordmotiven, die Straßenszenen bevölkert von Kriegskrüppeln und Prostituierten. Stets ist die Großstadt die Schaubühne, wo sich soziale Verwerfungen am deutlichsten zeigen. Beide Künstler gelten als Hauptvertreter des Verismus.

Im Verlauf weniger Jahre fächert sich die strenge Richtung auf in Surrealismus, Konstruktivismus, Neue Sachlichkeit und Magischen Realismus. Von Beginn an gilt der Verismus auch als „linker Flügel" der Neuen Sachlichkeit. Bereits während der 20er-Jahre verliert er seine Wirksamkeit und mündet in einen Realismus, der sozialkritische Tendenzen behalten kann, aber auch rein sachlich-objektiv bleiben möchte. Beide Richtungen sind im Œuvre von Otto Dix zu sehen und sowohl seine wie auch die Werke von George Grosz sind nach kurzer Zeit der Neuen Sachlichkeit zuzurechnen.

Von Berlin nach Dresden

Der Maler ist angekommen, sowohl im bedeutendsten Zentrum des deutschen Kunstschaffens der Zeit, in Berlin, als in den Künstlerkreisen der europäischen Moderne, die inzwischen in Kunstvereinen, Sezessionen und im Handel einflussreiche Stimmen besitzen. Politisch links stehenden Künstlervereinigungen hat er sich häufig angeschlossen, aber nur phasenweise, und sie wieder verlassen, sich also nie verpflichtet gefühlt. Er pflegt Freundschaften mit Kollegen, zu denen insbesondere George Grosz zählt. Dix sieht sich im Zenit seines Schaffens. Seit1924 ist er Mitglied der Berliner Secession und stellt dort das *Bildnis der Eltern II* aus.

> Ein Schlagwort hat die letzten Jahre hindurch die schaffende Künstlergeneration bewegt. „Schafft neue Ausdrucksformen!" lautete die Parole. Ob das überhaupt möglich ist, erscheint mir durchaus zweifelhaft.
>
> Otto Dix, *Berliner Nachtausgabe*, 3.12.1927

1925 ist er in dem Filmzyklus *Schaffende Hände* von Hans Cürlis als berühmter Zeichner zu sehen. Der Filmpionier Cürlis beobachtet und filmt im Auftrag des Instituts für Kulturforschung in Berlin bildende Künstler bei ihrer Arbeit, um die Genese eines Werkes zu dokumentieren. Er beschreibt höchst beeindruckt Dix' Arbeitsweise. In sämtlichen künstlerisch gewichtigen Ausstellungen ist Dix repräsentativ vertreten, ebenso ist er als Juror aktiv. In dieser Tätigkeit gehört er mehrere Jahre zur Jury des Deutschen Künstlerbundes.

INTERNATIONALE ANERKENNUNG

Internationale Kunstzentren in Europa und den USA zeigen seine Arbeiten in bedeutenden Ausstellungen, etwa 1927 und 1931 das Carnegie Institute Pittsburgh und das Museum of

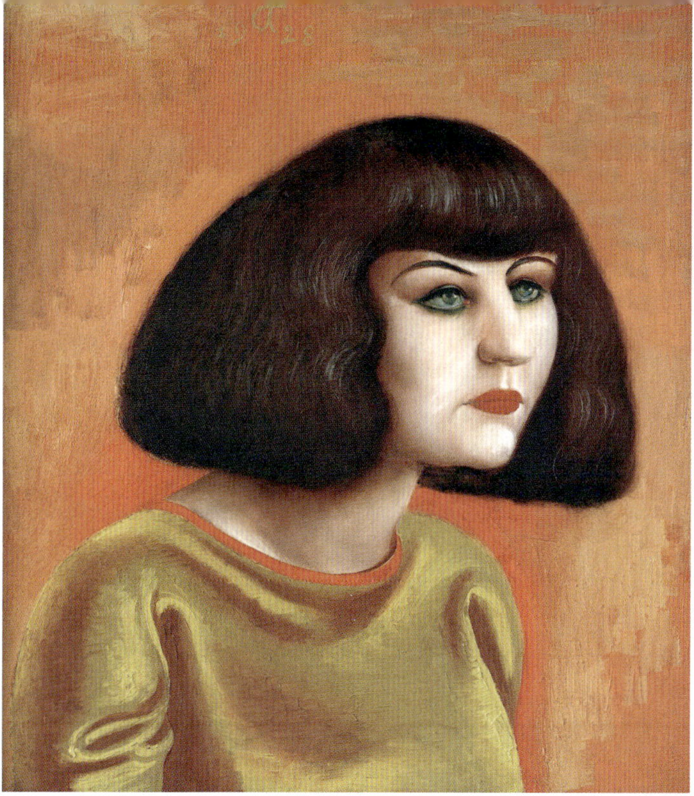

Bildnis Frau Martha Dix, 1928, Mischtechnik auf Holz, 60 × 59,5 cm

Modern Art in New York, die 16. und 17. Biennale in Venedig und weitere Städte. Die Preußische Akademie der Künste in Berlin bietet ihm in einer ihrer viel beachteten Ausstellungen am Pariser Platz einen Hauptraum für seine Arbeiten an. Die ersten Museen erwerben Bilder, darunter die Nationalgalerie in Berlin; der Kunstsalon Wolfsberg in Zürich zeigt seine erste eigene Auslandsausstellung, die erste Monografie von Paul Ferdinand Schmidt ist 1923 erschienen nach dem Aufsatz von Theodor Däubler in der Zeitschrift *Das Kunstblatt* im Jahr davor. In der *Internationalen Kunstausstellung* in Dresden ist er 1926 mit fünf Porträtgemälden und einem Stillleben vertreten. Er

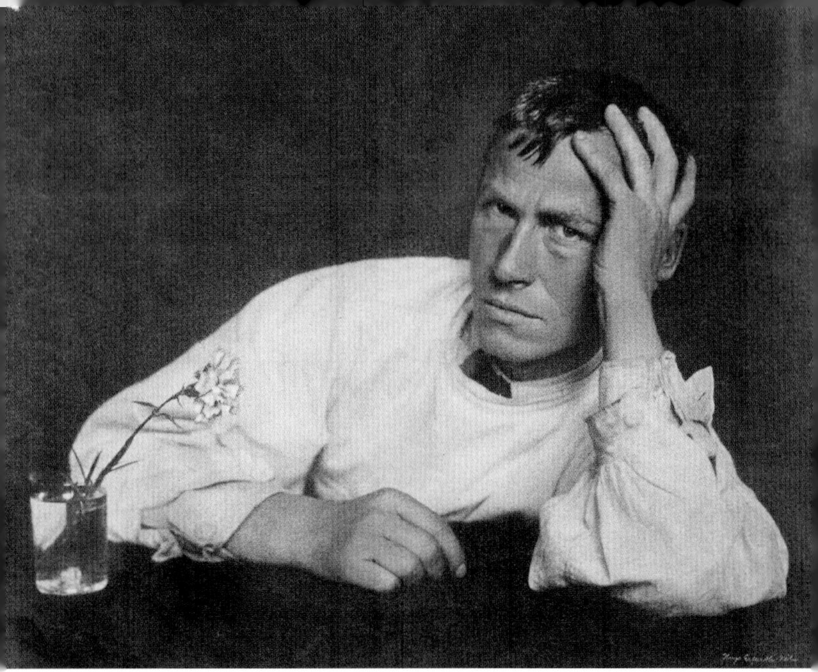

Otto Dix mit Nelke, 1929, Foto: Hugo Erfurth

lebt und arbeitet in Reibung mit den Generationsgefährten realistischer wie nicht figürlicher Kunstrichtung.

Tatsächlich wandelt er sich in seinem Schaffen in diesen Jahren; er verlässt auch in der Sachlichkeit mehr und mehr die Groteske und zeigt einen Realismus, mit dem ein größeres Publikum einverstanden sein kann. Natürlich bleiben trotzdem Vorbehalte. Dix' Hinwendung zu altmeisterlichen Maltechniken mit großer Leuchtkraft trägt ebenfalls dazu bei. In Kenntnis früheren künstlerischen Arbeitens, etwa der Nazarener im 19. Jahrhundert, bereitet er viele seiner Bilder zeichnerisch auf großformatigem Karton im Maßstab 1:1 vor. Mit diesen Skizzen im Vergleich sind die Veränderungen in der ausgeführten Malerei gut zu erkennen und damit Tendenzen im Gehalt.

Bestätigt wird Dix' eigene Einschätzung als Meister 1926 durch die Berufung als Professor an die Akademie der Bildenden Künste in Dresden als Nachfolger seines eigenen Lehrers, Otto Gussmann. Da dessen Lehrstuhlinhalt allmählich verändert, dann gestrichen wird, ist Otto Dix inhaltlich der tatsächliche Nachfolger von Oskar Kokoschka. Dresden wird zu diesem Zeitpunkt endgültig zum Lebensmittelpunkt für die Familie Dix. Der Schwiegervater hat noch die großbürgerliche Wohnung in Berlin finanziert, von hier aus stellt Dix nun an den Rektor seine Forderungen nach einer ebenso großzügigen Wohnung in Dresden und für die Beschaffenheit seines Ateliers auf der Brühlschen Terrasse. Das setzt dort bauliche Änderungen voraus.

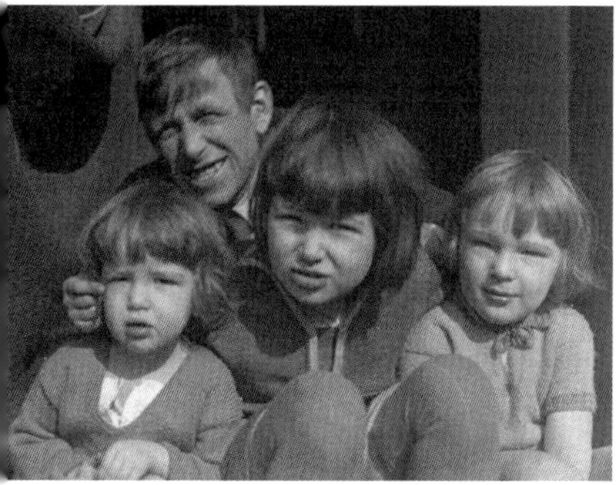

Otto Dix mit seinen Kindern, 1930, Foto: Familienalbum

In Dresden erlebt Otto Dix die glücklichsten Jahre seines Lebens. Seine Schüler verehren vom Sommersemester 1927 bis zum April 1933 einen intensiv lehrenden wie arbeitenden Meister mit ausgesprochen kollegialer Haltung ihnen gegenüber. Zu seinen Schülern zählen Hans Theo Richter, Curt Querner, Wilhelm Dodel, Willy Wolff und Ernst Bursche. Gemeinsam studieren sie in der Gemäldegalerie die Bilder der Alten Meister. In den turbulenten Jahren der Weimarer Republik haben Lehrer und Schüler politisch eher links stehende Meinungen.

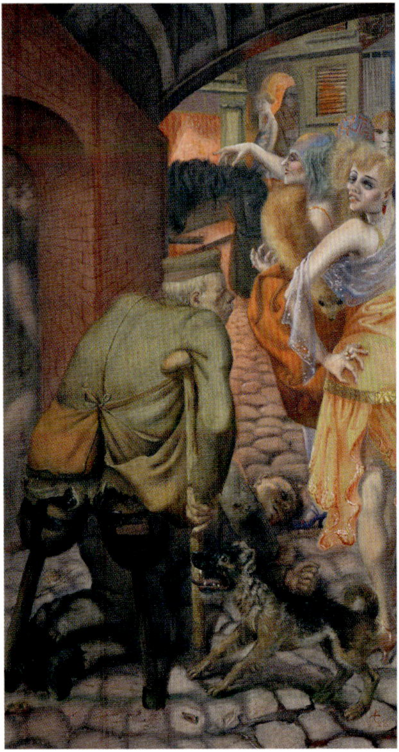

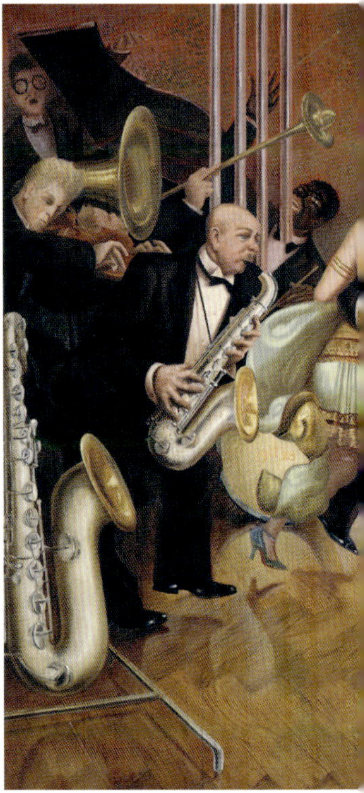

Großstadt (Triptychon), 1927/28, Mischtechnik auf Holz, 180 × 402 cm

Sehr viel später, 1964, wird Otto Dix zusammenfassen: „Die Zeit meiner Lehrtätigkeit in Dresden war eine der schönsten Zeiten meines Lebens. Ich hatte immer mit meinen Schülern – auch menschlich – engen Kontakt, ebenso hatten die Schüler größtes Vertrauen zu mir und meiner Arbeit. Leider wurde meine Lehrtätigkeit durch die Nazis 1933 gewaltsam unterbrochen, auch viele meiner Schüler wurden von der Akademie ausgestoßen, nur weil sie Schüler von mir waren."

DIE GROSSEN TRIPTYCHEN

In Dresden malt Dix, nach gedanklichen und zeichnerischen

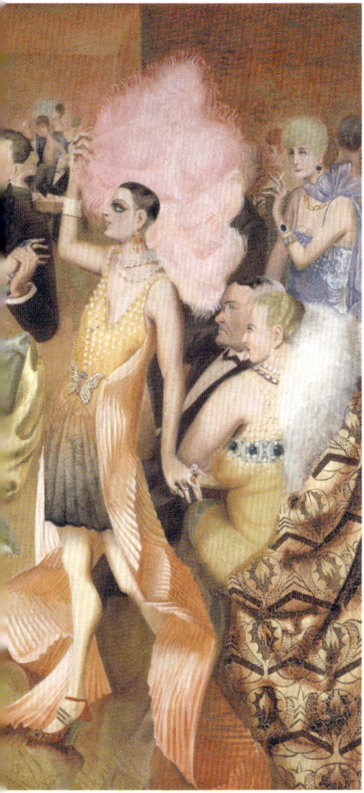

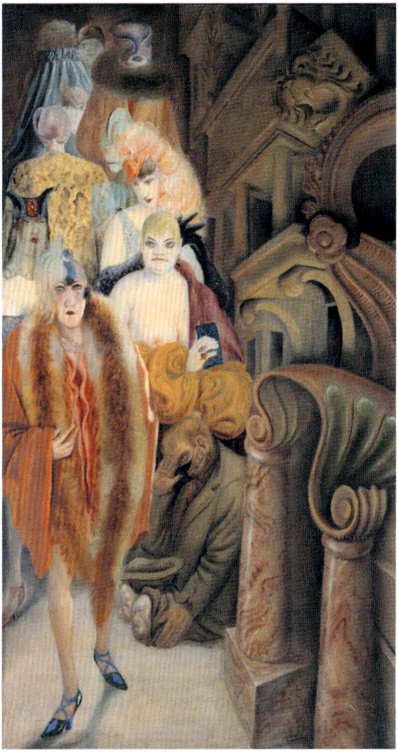

Vorbereitungen in Berlin, eines seiner Hauptwerke im großen Format, das *Großstadt*-Bild als Triptychon, in der Form mittelalterlicher Flügelaltäre. Die beiden Seitenteile bedecken, wie bei Altären üblich, exakt das Mittelbild, würde man sie mit Scharnieren versehen und zum Schließen benutzen, wie es bei Retabeln je nach dem Stand des Kirchenjahres üblich ist. Die Parallelen zur traditionellen Malerei sind wegen der konsequenten mittelalterlichen Maltechnik noch weiter gefasst, und darum wirken die Darstellungen geradezu gegensätzlich zum religiösen Vorbild, denn vorgestellt wird ein Sittenbild der Gesellschaft der Weimarer Republik.

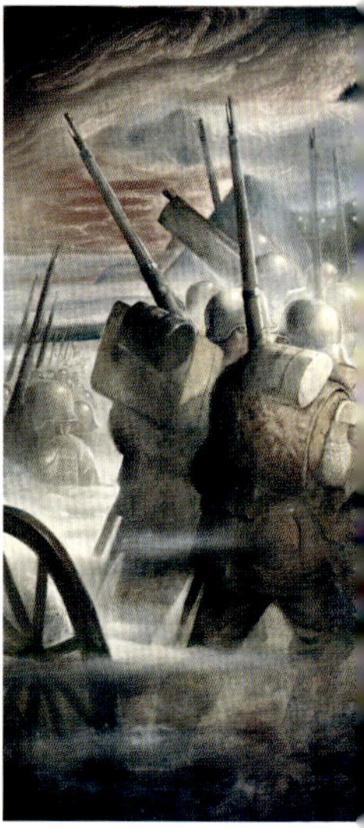

Im übertragenen Sinn bleibt Dix damit wie hier beim großen Format des *Großstadt*-Bildes der empfindsame Beobachter des Zeitgeschehens, jetzt der hektischen Vergnügungen der guten Gesellschaft Dresdens zur temperamentvoll spielenden Jazzkapelle während der sprichwörtlichen „goldenen" 20er-Jahre. Die zurückgelassenen Verlierer auf den Seitentafeln, die „Krüppel" des noch nicht lange zurückliegenden Krieges, werden leichtfertig von Prostituierten überstiegen. Auf dieser Seite, der linken, malt sich Dix selbst als Kriegsversehrten. Immer wieder hat Dix ungleiche Liebespaare und ähnliche Themen in den 20er-Jahren als Vanitas-Allegorien gemalt. Auch hier im Triptychon ist beim Tanz auf dem Vulkan das Memento mori gegenwärtig. Dix hat niemals eindimensional am Gehalt seiner Bilder gearbeitet. Immer bleibt er der grüblerische, auch allegorisch versteckt deutende Maler, der darum Anfeindungen zu ertragen hat. Noch im Jahr 1968 bekennt er: „Ich bin eben so veranlagt, daß ich jede Art von Hedonismus [...] für schwindelhaft halte. Nun machen Sie mal was dagegen." In demselben Jahr der Vollendung 1928 wird das *Großstadt*-Triptychon im Hauptsaal des Sächsischen Kunstvereins Dresden zum Thema und Titel „Sächsische Kunst unserer Zeit" ausgestellt.

Anders dagegen ergeht es dem zweiten in Dresden entstandenen Triptychon. Im großen Akademieatelier arbeitet der Maler nach Zeichnungen und Skizzen seit 1927, konzentriert in den Jahren 1929 bis 1932 nach seinem *Schützengraben*-Bild

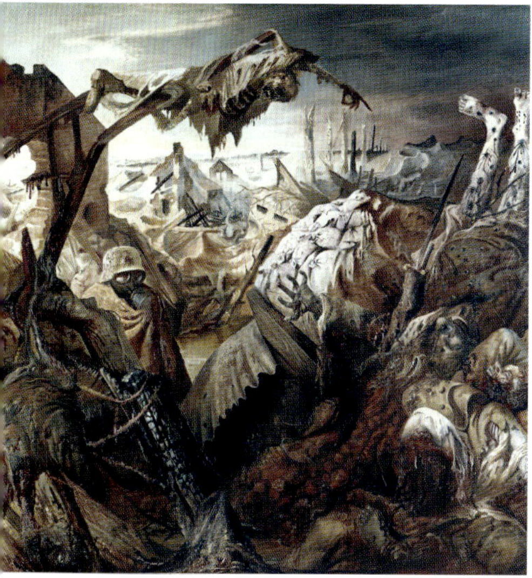

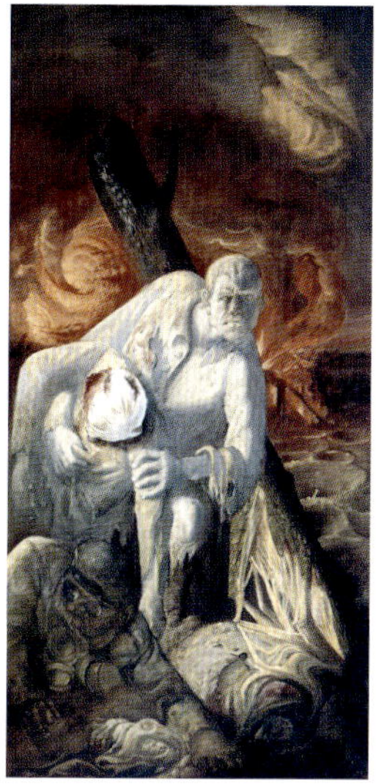

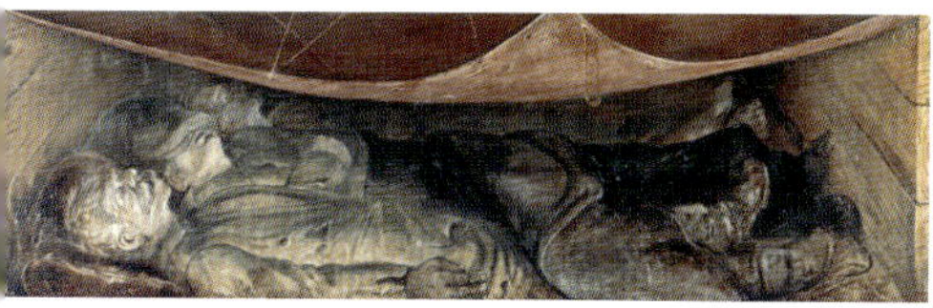

Der Krieg (Triptychon), 1929–32, Mischtechnik auf Holz, 204 × 408 cm

noch einmal an der Zusammenfassung seiner Kriegseindrücke und zeigt seine daraus resultierende Einschätzung mit dem lapidaren Titel *Der Krieg*, jetzt sogar mit einer Predella, die den Altarcharakter vollendet und wie jedes Altarbild den Wahrheitsgehalt bestätigen soll. Andererseits berichtet der Künstler selbst, dass die Dreiteilung der Komposition durchaus sehr modern mit der Lektüre des *Ulysses* von James Joyce begründet ist. Die sich verzahnende Geschichte dort bietet ihm die Möglichkeit, simultan zu berichten, was wie eine Befreiung für sein Vorhaben aussieht. Eine weitere Anregung, gerade jetzt wieder das Thema des Ersten Weltkrieges bildlich zu verarbeiten, ist die Lektüre von Erich Maria Remarques Roman *Im Westen nichts Neues*, der 1929 erscheint. Dix beginnt die

Beschreibung auf der linken Tafel mit dem Marsch der Soldaten ins Gefecht unter einem dramatisch gefärbten und bewölkten Himmel. Bereits die Mitteltafel überträgt das Grauen der Bilder durch die Einzelheiten während und nach der Schlacht auf den Betrachter. Wieder – wie beim *Schützengraben*-Bild von 1923 – deutet der aufgespießte Leichnam visionär auf die Zerstörungen menschlichen Lebens wie der Landschaft. Was im Ersten Weltkrieg so elementar wirkte und bemerkt wurde, ist das *Menschenschlachthaus*, Titel eines Romans von Wilhelm Lamszus (1912). „Von Technikern, von Maschinisten werden wir vom Leben zum Tode befördert. Und wie man Knöpfe und Stecknadeln im Großbetrieb erzeugt, erzeugt man nun die Krüppel und Leichen mit Maschinenbetrieb." Zu dieser modernen Kriegsindustrie zählt das Giftgas. Auf der rechten Tafel steht Dix selbst als Beteiligter. Er trägt einen Verwundeten zwischen weiteren Verwundeten oder Leichen hindurch von der Schlacht zurück. – Die Predella verdeutlicht unwiderruflich die Vernichtung menschlichen Lebens durch kriegerische Handlungen. Sie zeigt Leichen mit dem kompositorischen Rückgriff auf die noch immer nachwirkende Komposition von Hans Holbein d. J., der in seinem Epitaph des *Leichnam Christi im Grabe* das extremste Querformat der Kunstgeschichte für die Darstellung benutzt.

Ein einziges Mal ist das monumentale Triptychon in der Öffentlichkeit zu sehen: 1932 in der Herbstausstellung der Preußischen Akademie der Künste in Berlin, zu deren Mitgliedern Otto Dix seit 1931 gehört.

Es vergeht nach der Fertigstellung nicht sehr viel Zeit, bis es im Verborgenen geschützt werden muss, um nicht der Vernichtung durch nationalsozialistische Behörden in die Hände zu fallen. Der Dresdner Freund Friedrich Bienert leistet diesen Dienst und versteckt es mit weiteren gefährdeten Bildern in seiner Mühle und an anderen Orten außerhalb der Stadt. Jahrzehnte nach dem Entstehen ist Dix der Überzeugung: „Sie wissen, daß mein großes vierteiliges Kriegsbild nicht nur einen künstlerischen Wert hat, sondern auch einen großen Propagandawert gegen den Krieg", schreibt er an die Staatlichen Kunstsammlungen Dresden, wo das Gemälde lange Zeit als Leihgabe zu sehen ist. Als es zu Dix' Lebensende hin durch Verkauf in das Eigentum der Dresdner Sammlungen gelangen soll, bleibt seine Einschätzung: „Ich bin überzeugt, daß mein Kriegsbild eines der bedeutendsten Werke der ersten Hälfte dieses Jahrhunderts ist und ebenbürtig neben der ‚Guernica' von Picasso steht."

Tatsächlich gelingt in Dresden 1969 die Erwerbung dank der vereinten Kräfte sämtlicher einzelner Museen, die durch Verkäufe aus ihren Depots die Devisen dafür beschaffen. Das Kupferstich-Kabinett der Staatlichen Kunstsammlungen Dresden erhält dafür vom Künstler eine frei gewählte große Kollektion von Zeichnungen.

Ebenfalls 1932 wird mit der Assistenz seines Meisterschülers Wilhelm Dodel der öffentliche Auftrag der Stadt Dresden fertiggestellt, das Wandbild *al Secco* mit Kaseinfarben am Hygiene-Museum Dresden. Im opulenten Querformat zeigt es dreigeteilt bekannte Architekten und Honoratioren der Stadt, mit den Maurern als wichtigen Partnern im Mittelbild. – Zwei Jahre später existiert es nicht mehr. Auf Anweisung des Dresdner Stadtrates ist es zerstört worden.

ENTLASSUNG AUS DER DRESDNER AKADEMIE

Kaum mehr als einen Monat nach der Machtergreifung der Nationalsozialisten 1933 zeigt sich für Otto Dix, welche Brutalität und welcher Hass sich hinter einem anscheinend braven Rapport verbergen kann:

> „Hochverehrter Herr Reichskommissar!
>
> Den mir heute Vormittag fernmündlich gegebenen Auftrag, Prof. Otto Dix sofort aus seinem Dienste zu entfernen, ihm das weitere Betreten der Akademie zu verbieten und ihm seine Entlassung aus dem Staatsdienste ohne Pension mitzuteilen, konnte ich noch nicht nachkommen, da Prof. Dix in Gera weilt. Er wird voraussichtlich heute zurückkommen.
>
> In der Akademie sind Vorkehrungen getroffen, dass Prof. Dix beim Betreten der Akademie von mir, oder bei meiner Abwesenheit von einem von mir Beauftragten, von obigem Beschlusse in Kenntnis gesetzt wird.
>
> Ergebenst
> Richard Müller Rektor 8. April 1933„

Zusätzlich zur Kündigung ergeht an Dix am 21. April 1933 die Aufforderung:

> „Sie werden gebeten, das Ihnen in der Akademie zur Verfügung gestellte Atelier bis spätestens Donnerstag, den 27. des Monats zu räumen.
>
> Akademie der bildenden Künste„

Ich bin durch meine Bilder beim Spießer unbeliebt genug und der größte Ärger der Nazis war, daß man mir das Talent nicht absprechen konnte.

Otto Dix, 1948

Dix' Malkasse wird sofort aufgelöst. In dieser Situation ist offensichtlich, wer zu dem Künstler steht und wer im Strom der Zeit mitschwimmt. Die Dresdner Freunde bleiben treu, ebenso Karl Nierendorf. Schüler entwickeln sich zu Freunden, und unter den arrivierten Künstlern mit öffentlichen Ämtern wird Franz Lenk zum engen Vertrauten und manches Mal zum Beschützer: Als später Hausdurchsuchungen bei Dix wahrscheinlich werden, versteckt der befreundete Maler, der inzwischen die staatlichen Positionen desillusioniert aufgegeben hat, mutig die Mappen der Radierungen *Der Krieg* in seinem Haus.

In seiner Empörung und Wut schickt der Künstler unterrichtende Briefe an Museen und Sammler. Die Reaktionen darauf sind offenbarend: „Es wundert mich nicht, daß die jetzige Regierung an vielem Anstoß nimmt, das Sie an die Öffentlichkeit gebracht haben. Auch mir waren solche Bilder abschreckend", schreibt Ludwig Justi. Noch ist er Direktor der Nationalgalerie in Berlin. Wie stark in traditionellen bürgerlichen Hierarchien Dix' Herkunft immer noch als Makel empfunden wird, zeigt sich in Justis Bemerkung, dass Dix aus dem „vierten Stande" komme, also eigentlich prädestiniert für die neue Arbeiterpartei sei, wenn er nur deren Anschauungen folge. Das wirkt noch diskriminierender als der Abscheu des Direktors vor den „Typen" der Dix'schen Bilder.

ENTLASSUNG AUS DER BERLINER AKADEMIE

Im Mai 1933 wird Dix indirekt zum Austritt aus der Berliner Akademie gezwungen, als Zeichen des Säuberungsprozesses der Institution. Bereits im Herbst 1933 ist sein *Schützengraben*-Bild zusammen mit dem *Kriegskrüppel* von 1920 in der ersten der Diffamierungsausstellungen *Spiegelbilder des Verfalls (Entartete Kunst)* im Lichthof des Dresdner Rathauses und anschließend in Stuttgart zu sehen. Die Überzeugung von Karl Nierendorf, dass sich Dix' Kunst allein wegen ihrer künstlerischen und thematischen Qualität gegen alle Angriffe durch-

Ansicht der Ausstellung *Entartete Kunst* in Dresden, 1933, im Hintergrund Otto Dix' *Schützengraben*

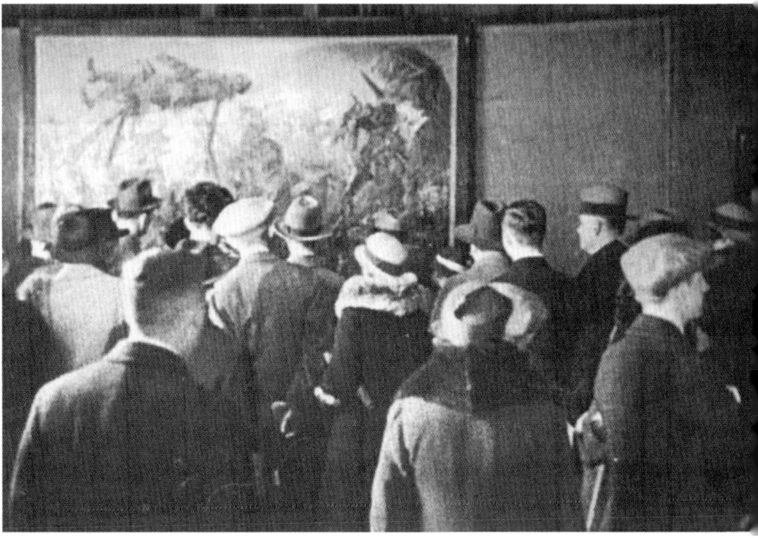

setzen wird, trifft jetzt und in den Folgejahren nicht zu. Aus seinem Atelier auf der Brühlschen Terrasse verwiesen, mietet Dix in der Dresden- Löbtauer Kesselsdorfer Straße im vierten Stockwerk eines Kaufhauses ein Arbeitsatelier, in dem er bis 1943, vom Bodensee kommend, häufig malt und, sobald er nach dem Kriegsende reisen darf, ab 1947 die Aufenthalte in Dresden jährlich bis 1966 fortsetzt und heimisch sein wird.

Die staatlichen Maßnahmen zielen eindeutig auf die Vernichtung einer Künstlerexistenz. Als Reaktion auf die Geschehnisse nach seiner Entlassung beendet er in dem neuen Atelier 1933 die erste malerische und politische Allegorie, ein Hauptwerk am Beginn der Naziherrschaft, die Tafel *Die sieben Todsünden,* erneut als Umwandlung eines alten christlichen Motivs. Das Werk ist Dix' Antwort und zugleich metaphorische Prophetie auf die bereits deutlichen politischen Verwerfungen. Die zweite allegorische Aussage zu dieser Zeit legt er 1934 in das Gemälde *Triumph des Todes* mit kunsthistorischen Zitaten, aktualisiert als großes Sinnbild. Mit Bezug auf das Gemälde *Lebensalter der Frau* von Hans Baldung Grien stellt er weibliche Wesen vom Kleinkind bis zur Greisin dar und lässt den gekrönten Tod als Sensenmann über den Figuren drohen. Jedoch zuvor – auf der Ebene der Figuren – greift ein Soldat mit aufgepflanztem Bajonett und Stahlhelm in die friedliche Szenerie ein.

Dix wird geradezu zum Propheten, als er 1939 in dem Bild *Lot und seine Töchter* im Hintergrund die brennende Stadt Dresden zeigt. Seine bisherige Lust an der Allegorie wird nun sogar notwendig, wenn der Künstler in Bildern reflektieren will, wie sehr ihn die äußeren Zustände bedrängen.

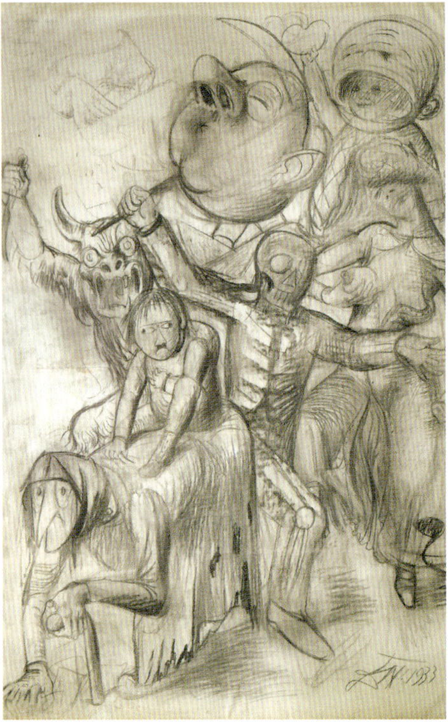

Die sieben Todsünden, 1933, Mischtechnik auf Holz, 179 × 120 cm

Links: Karton zu: *Die sieben Todsünden,* 1933, Kohle auf Papier, 179,5 × 119,5 cm

Eine politische Allegorie. Im Mittelpunkt der Komposition sitzt der personifizierte Neid. Er hält sich als Maske die Gesichtszüge Hitlers vor das Gesicht. Auch wenn das typische Bärtchen nach eigener Aussage von Dix erst 1957 hinzugefügt wird – bereits der Karton zum Bild zeigt den Ansatz dazu. Als Menetekel zitiert Dix auf dem Karton als Vorarbeit für das Gemälde aus Friedrich Nietzsches *Zarathustra* „Die Wüste wächst: Weh dem, der Wüsten birgt!" Der Neid reitet auf dem Rücken des Geizes, einer krummrückigen, spitznäsigen Greisin. Flankiert werden die beiden von der Trägheit des Herzens in der Figur des Todes, mit einer Kröte statt des Herzens, und dem Jähzorn, der Tiergestalt mit Fell und Hörnern. Im Hintergrund komplettieren Wollust, Hoffart und Völlerei die sieben Todsünden.

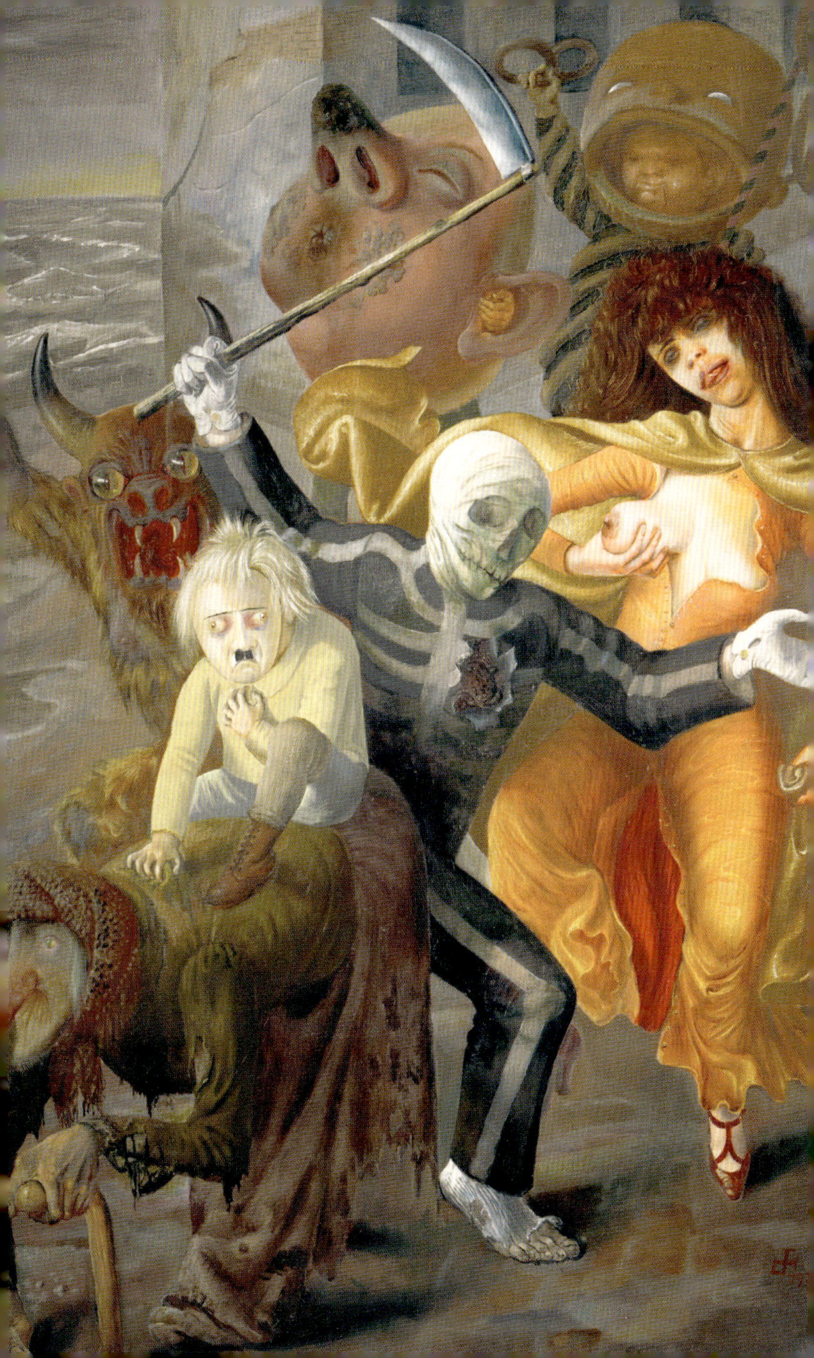

Akademieausstellungen

Nach der Gründung der Weimarer Republik ändert sich die erstarrte und als besonders konservativ reagierende Königliche Akademie der Künste, von Käthe Kollwitz als „verzopft" benannt, in die Preußische Akademie. Dass sich nicht nur äußerlich der Name gewandelt hat, beweist am deutlichsten die nach der ersten Mitgliederzusammenkunft 1919 erfolgte Wahl des bereits 73-jährigen Max Liebermann zum Präsidenten. Vor Jahrzehnten hat er selbst mit seinen impressionistischen Bildern und als Mitbegründer der Berliner Secession zu den angefeindeten Künstlern in Deutschland gezählt, nun ist er seit 1898 Mitglied. Inzwischen gelten Künstler jüngerer Generationen als Avantgarde. Ab 1920 wirkt Liebermann als Präsident und Einladender zu Ausstellungen mit bemerkenswerter Toleranz und Souveränität gegenüber künstlerischen Haltungen auch entgegen eigenen Vorbehalten.

Seit 1786 gelten die Ausstellungen in der Berliner Akademie im Frühjahr und Herbst eines jeden Jahres samt ihren Katalogen als ein Zeichen der Anerkennung und Positionierung für die beteiligten Künstler. Max Liebermann setzt sie nicht nur fort, sondern macht sie zur viel beachteten Plattform zeitgenössischer Kunst, obwohl besonders in den 1920er-Jahren inzwischen eine Vielzahl von Galerien erfolgreich progressive Richtungen der bildenden Kunst vorstellen. Als bildender Künstler mit langer Erfahrung weiß er um die Wichtigkeit einer jeden Ausstellung für die einzelnen Beteiligten. Seine Eröffnungsreden haben einen hohen Stellenwert, werden teils veröffentlicht und sind für die Presse stets ein Ereignis.

Zwischen die Vorstellungen von Gemälden und Skulpturen schiebt Liebermann mit großem Erfolg die Schwarz-Weiß-

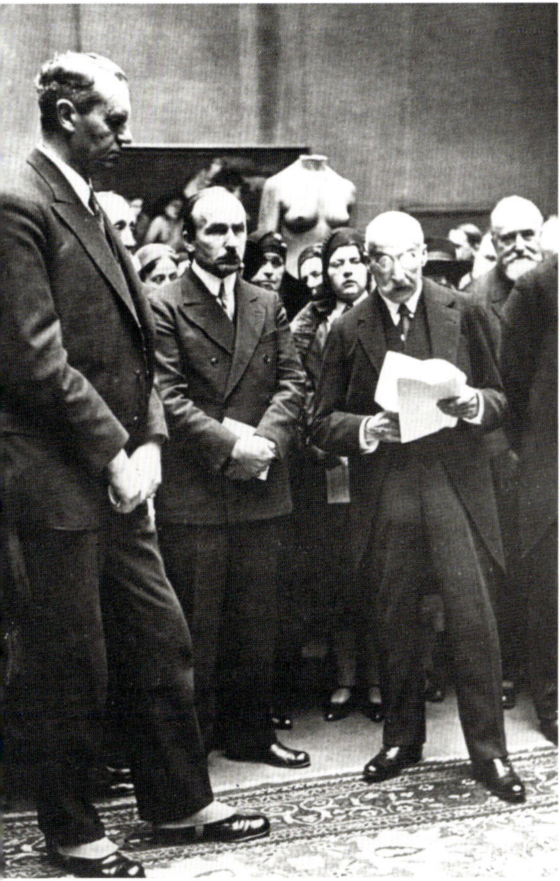

Max Liebermann bei der Eröffnung der Frühjahrsausstellung der Akademie der Künste, 1931

Ausstellungen ein, in denen ausschließlich Arbeiten auf Papier, Zeichnungen und Druckgrafik, gezeigt werden. Hier greift der Präsident auch auf die Kunstgeschichte zurück und gibt seinen eigenen Favoriten ein Forum. Berühmt ist seine Vorstellung von Rembrandts Radierungen. Mit der „Gleichschaltung" der Preußischen Akademie der Künste in der Nazidiktatur ab 1933 endet auch diese Initiative. 1935 verstirbt Max Liebermann.

Am Bodensee

Nach der Entlassung des Malers muss sich die Familie aus dem großbürgerlichen Zuhause mit Garten in Dresdens Bayerischem Viertel verabschieden. Hans Koch lädt sie in das von ihm erworbene Schloss Randegg bei Singen in der Nähe vom Bodensee ein, um dort zu wohnen. Den Wechsel empfindet die Familie einem Erdrutsch vergleichbar. In drastischen Briefen schildert Otto Dix die ungewohnte Situation:

> „lieber I. B. N. [das ist der Kunsthändler Israel Ber Neumann in New York] Du wirst wissen, daß ich am 8. April d. J. durch die nationalsozialistische Regierung entlassen worden bin, ohne Pension. Als Grund wurden meine Kriegsbilder angegeben, die geeignet seien, den Wehrwillen des Volkes zu untergraben. Ich mußte von Dresden fortziehen und wohne jetzt in Randegg bei Singen. Wir leben unter äußerst kümmerlichen Umständen sozusagen von der Hand in den Mund, und ich habe fortwährend Sorgen, wie ich Brot und Heizung besorgen soll, die Kinder haben schon Zehen und Finger erfroren. Ich muß Dich infolgedessen dringend bitten, mir Geld zu senden. […] Die Verkäufe und Aufträge haben seit nunmehr einem Jahr hier gänzlich aufgehört. Es wird wahrscheinlich auch in den nächsten 10 Jahren nicht besser werden. So war es immer schon. Man hatte nie Interesse für die wahren Künstler. Schon um 1500 schrieb – ich glaube es war Wohlgemut – auf ein Bild ‚Schrie o Kunst und klag dich sehr Din begehrt jetzt niemand mehr'."

Etwa ein Jahr später, wiederum an I. B. Neumann:

> „Ich male und male und schinde mich ab, offizielle Anerkennung gibt es für mich in den nächsten 1000 Jahren nicht mehr, aber trotz alledem bleib ich <u>mir</u> und der <u>Kunst</u> treu."

Von nun an befindet sich der Künstler in der inneren Emigration. Damit er überhaupt künstlerisch arbeiten darf, wird Dix Mitglied der zentralen Reichskulturkammer für bildende Künste. Sein Ausweis datiert vom 1. Januar 1934. Ohne diese Mitgliedschaft ist während der Diktatur der Nationalsozialisten keine künstlerische Tätigkeit erlaubt, und illegales Arbeiten wird strafrechtlich verfolgt. Weil aber die regionalen Bürokratien unterschiedliche Richtlinien anwenden und widersprüchlich entscheiden, werden Ausstellungen von Dix bzw. seine Beteiligung mit Bildern oder Zeichnungen verschieden beurteilt und Arbeiten von ihm entfernt oder geduldet.

1937 schreibt Dix an Franz Lenk:

> „Ich habe anlässlich der Jubiläumsausstellung im Geraer Kunstverein 2 Bilder ausgestellt – eine Hegaulandschaft und ein Porträt meiner Mutter. Gestern erhielt ich die Nachricht vom G.K.V. [Geraer Kunstverein], daß beide Bilder auf Anweisung der Reichskammer der b. Künste Berlin abgehängt werden mußten. Vielleicht können Sie sich gelegentlich mal erkundigen, was dahinter steckt und ob diese Methode gegen mich weiter fortgesetzt werden soll. Ich würde mich, sollte letzteres der Fall sein, bald darum bemühen ins Ausland zu gehen, vielleicht hat man an offizieller Stelle sogar Interesse daran. Beide Bilder sind unmöglich als entartet zu bezeichnen. Wenn Sie selbst nichts tun können, bitte ich Sie, mir vielleicht zu sagen, an wen ich mich mit der Erkundigung wenden soll. Schließlich will ich ja den Leuten nicht den Spaß machen, vor ihren Augen zu verhungern."

1944 dagegen fragt der Vorsitzende des Geraer Kunstvereins bei der Reichskulturkammer nach, ob gegen die Beteiligung

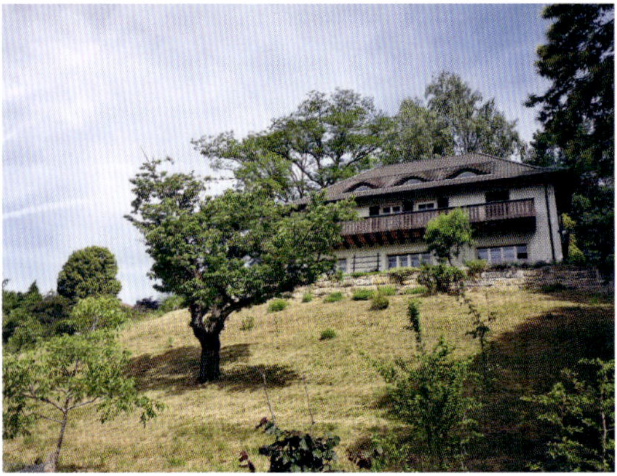

Wohnhaus der Familie Dix in Hemmenhofen (heute Museum Haus Dix)

von Otto Dix in der geplanten Ausstellung etwas vorliege, und bekommt die Antwort, dem Ausstellen der Arbeiten stehe „durchaus nichts im Wege“.

Zumindest die Alltagsbedingungen der Familie Dix bessern sich in diesen Jahren durch eine Erbschaft der Ehefrau Martha. Sie ermöglicht den Kauf eines Grundstücks im Dorf Hemmenhofen auf der Halbinsel Höri am Bodensee und 1936 den Bau eines großzügig geplanten Hauses mit Atelier. Tatkräftig arbeitet der Maler an handwerklichen Details und an der Gartengestaltung mit. Wegen der steilen Hanglage des Grundstücks sind Widrigkeiten zu meistern und immer wieder gärtnerische Verluste hinzunehmen.

ES GIBT IN DER KUNST KEINEN FORTSCHRITT

Die öffentliche Diffamierung des Künstlers gipfelt 1937/38 in den Ausstellungen *Entartete Kunst* mit der Bloßstellung von 67 Arbeiten. Aus deutschen Museen werden insgesamt 260 Werke entfernt. Der Maler wehrt sich mit der bissigen Bemerkung an den Direktor der Nationalgalerie in Berlin, Paul Ortwin Rave: „Vergessen Sie nur nicht, auch die Entarteten Munch und Van Gogh auszumerzen, auch Grünewald ist nicht recht artgemäß. Es lassen sich sicher noch mehr finden." Von nun an ist der Maler noch enger auf private Aufträge und Bildverkäufe als Zeichen der Wertschätzung angewiesen. Dabei spielt insbesondere das Porträt bis weit in die 50er-Jahre als Broterwerb die Hauptrolle. Sächsische Industrielle und der Kinderarzt Dr. Otto Köhler in Chemnitz, Brauereibesitzer und die Fürstenfamilie Reuß werden durch Bildbestellungen zu lebensnotwendigen Förderern. Von Fritz Niescher in Chemnitz bekommt Dix den Auftrag, den Gartenpavillon seines Hauses mit Tierdarstellungen malerisch zu schmücken; es entstehen die Bilder zu der Folge *Orpheus und die Tiere* (1945 durch Bomben zerstört). Im Gastzimmer des Hauses der Familie Köhler richtet sich Dix für die Porträtaufträge in Chemnitz vorübergehend ein Atelier ein.

In diesen Familienbildnissen der 30er- und 40er-Jahre wird auch in Dix' Arbeiten der Einfluss der international konservativeren Malerei und Plastik der Zeit im Vergleich zu den 20er-Jahren bemerkbar. Das Phänomen ist im Werk gleichaltriger Künstlerkollegen ebenso zu beobachten. Die Aufenthalte in Dresden, Zusammenkünfte mit Freunden dort und das Arbeiten in seinem gemieteten Atelier bekommen nun eine Ersatzfunktion für den wichtigen Austausch mit Gleichgesinnten. Wahrscheinlich resultiert daraus die noch engere Verbindung zu Käthe König. 1939 wird in Dresden beider Tochter Katharina geboren.

LANDSCHAFTSMALEREI ALS INNERE EMIGRATION

Dix ist mit der Entscheidung, sich durch den Hausbau dauerhaft in dörflicher Umgebung niederzulassen, endgültig in der Landschaft angekommen. „Ich bin verbannt worden in die

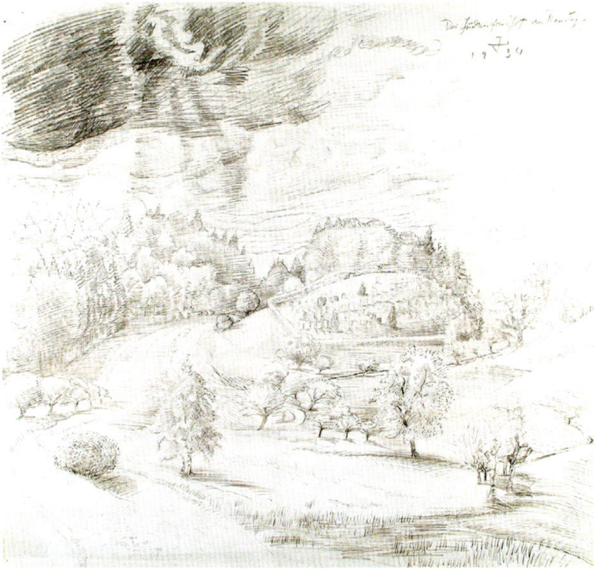

Der Judenfriedhof von Randegg V, 1934, Silberstift auf beidseitig grundiertem Zeichenpapier, 48,6 × 53,2 cm

Landschaft“, ist seine Meinung noch nach Jahrzehnten. „Sie interessiert mich eigentlich auch gar nicht sehr. Menschen, Menschen viel mehr. Ich hatte keine Gelegenheit zu Deutungen von Menschen. Man kann aber aus jedem Gegenstand etwas machen.“

In freundschaftlicher Verbindung haben gleich 1934 Dix und der Maler Franz Lenk den Sommer gemeinsam an Gemälden, Aquarellen und vielen Zeichnungen arbeitend in der Landschaft des Hegau verbracht. Tatsächlich kann darauf 1935 in der Galerie Karl Nierendorf in Berlin die Ausstellung einiger Ergebnisse dieses Aufenthaltes und früherer Arbeiten stattfinden, ein Triumph des Galeristen und der Maler, insbesondere von Dix, denn die Ausstellung wird auch ein Verkaufserfolg für ihn. Besonders in diesem Jahr gelingen noch einmal Aus-

Landschaften habe ich in der Nazizeit massenhaft gemalt. Hier war ja nichts weiter. [...] Ich bin verbannt worden in die Landschaft.

Otto Dix im Gespräch mit Maria Wetzel, 1955

stellungsbeteiligungen, vorbei an den rigiden Regularien des Nazi-Regimes.

Ein Jahr nach dem Einzug der Familie in das neue Haus erleidet der Maler einen Autounfall. Da die Wunde am Bein nicht heilen will, gelingt nach vielen Anstrengungen Ende des Jahres 1937 bis ins Frühjahr 1938 ein Sanatoriumsaufenthalt in Samaden im Engadin. Seitdem, und nach weiteren Reisen dorthin, gehören Schweizer Motive zu seinem Landschaftsrepertoire. Sie erweitern die anfänglich 1934 von Randeggs Umgebung ausgehenden Erkundungen und danach die Bilder vom gesamten Bodenseegebiet.

Mit der altmeisterlichen Maltechnik ist Otto Dix seit den 20er-Jahren vertraut; nun, in der Isolation am Bodensee, wendet er sich motivisch tatsächlich der süddeutschen Kunst der Donauschule aus dem frühen 16. Jahrhundert zu. „Spitzpinselig" scheint er sogar einzelne Bäume zu porträtieren, sehr gerne Lärchen. Es wirkt, als malte er geheimen Zorn über die Verhältnisse und seine persönliche Situation in die kleinstteilige Darstellung. Das scheinbar romantische Lebensgefühl in seiner Malerei ist in Wahrheit verstörend und fremd.

Bei Vorarbeiten auf Papier begeistert sich Dix für die alte Technik des Silberstifts auf grundierter Unterlage. Sie kommt seiner

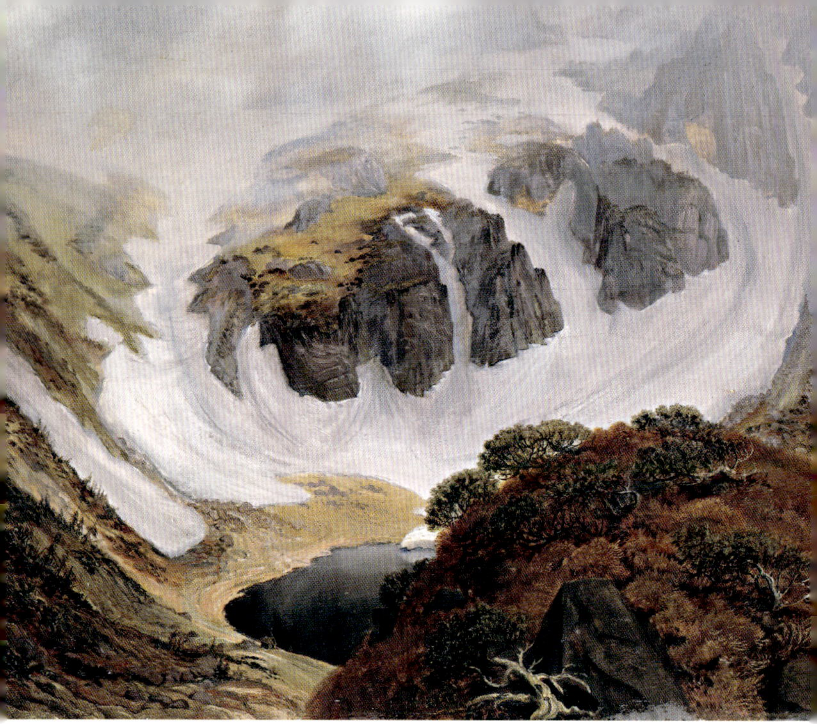

Der kleine Teich im Riesengebirge, 1942, Mischtechnik auf Leinwand, 50 × 80 cm

augenblicklichen Vorliebe für kleinteilig ausgeführte Details entgegen und dokumentiert seine große Zeichenkunst. So zeichnet er 1933 Nelly, Ursus und Jan, seine drei Kinder, in fast identischen Formaten.

Sein zeitweiliges Ausweichen vom Bodensee nach Dresden hat seine Begründung in den weitläufigen Wanderungen von dort mit Freunden, zu denen nun der ehemalige Meisterschüler Ernst Bursche zählt. Die Ausflüge mit längeren Aufenthalten gehen 1940 und 1942 bis nach Böhmen und ins Riesengebirge. Bilder mit Motiven von dort, nach den vielen in der Landschaft entstandenen Zeichnungen im Atelier gemalt, schildern aufgewühlt dramatische Situationen, Stürme, Gewitter, immer wieder Unwetter – bei Dix' Veranlagung auch als Zeichen seiner großen Beunruhigung wegen des begonnenen Krieges zu deuten. Über Jahrzehnte behält die visuelle Aneignung der Landschaft durch Wanderungen besonderen Wert. Noch nach dem Schlaganfall im November 1967 gehen Dix' Gedanken zum Wanderfreund Richard Seyffarth mit dem Fazit: „Glaub nicht mehr an große Arbeit in Dresden oder an die große Grabentour."

In diesen Landschaften mit sehr konkreten Titeln sind exakte Schilderungen zu vermuten. 1939 jedoch offenbart der Künstler von Hemmenhofen aus Ernst Bursche in Dresden: „Ich mache meistens Landschaft, viel Baum- und Häuserstudien, um vom ‚Motiv' unabhängig zu werden und die Landschaften frei zu erfinden. Denn es ist selten, daß man ein Motiv so vorfindet, wie mans beim Malen brauchen kann. Es ist ja notwendig, daß man viel Überschneidungen und Gegensätze schafft, die das Bild erst lebendig machen. Ich scheu mich heute nicht, die Ufer des Bodensees mit Felsen und Gebirgen zu versehen, die es hier gar nicht geben kann. Aber schließlich ist der künstlerische Ausdruck das Wesentliche, nicht die ‚Naturwahrheit' (die der Spießer und Schulmeister erfunden hat)."

In die neue Malerfahrung der Landschaft bettet der Künstler biblische Geschichten mit Erzählcharakter ein, von ihm als Gleichnisse zeitgeschichtlichen Suchens gemeint, etwa *Die Ruhe auf der Flucht, Heiliger Johannes auf Patmos, Madonna im Wald, Lot und seine Töchter, Die Versuchung des Heiligen Antonius*. In den 40er-Jahren folgen *Die Kreuztragung* und *Kreuzigung*. Am sinnbildlichsten gerät in der *Versuchung des Heiligen Antonius* die Parallele zur eigenen Situation des Künstlers in diesen Jahren. Folgerichtig in der verschlüsselten Sprache des Sinnbildes bleibend, porträtiert er sich 1943 selbst als *Der Heilige Lukas malt die Madonna*. Hier befindet sich Dix in einem detailreichen, märchenhaften Zauberwald und kostet die leuchtende Lasurtechnik noch einmal aus. Der Heilige Lukas gilt als der Schöpfer der Malerei überhaupt. Nicht ohne Spott bemerkt Dix „glatt-altdeutsch", „altdeutsch – Breughel ähnlich" auf manchen seiner eigenen Bilder.

Ebenfalls an Ernst Bursche gerichtet beschreibt Dix seine Arbeitssituation: „Ich arbeite viel, habe aber immer den Eindruck, daß ich zu wenig fertig bringe. Augenblicklich male ich an Waldbildern, nur Wald, und bin in sehr dunkle starke Farben gekommen." Mit diesen Themen aber erhält Dix zugleich das Kaufinteresse seiner privaten Gönner, die selbst bestimmte Motive bei ihm bestellen. Käufer wie Künstler entgehen mit den christlichen, gleichnishaften Themen und altdeutscher Maltradition sämtlichen kulturpolitischen Zwängen und Risiken, und da die malerische Qualität der Bilder und seiner Zeichnungen höchsten Ansprüchen genügt, kann der Künstler die bürgerliche Existenz seiner Familie sichern.

Im Missverständnis von Dix' eher verzweifelt wahrgenommenem Künstlertum gelten diese Bilder mit christlichen Motiven bei manchen Sammlern als religiös-tröstlich und in ihrer naturalistischen Darstellung als vollendete Malerei. Hinzu kommen auf dieser Ebene die Auftragsporträts. „Ich bin eben anonym durchgerutscht", wird Dix später im Gespräch resümieren.

Auf die nach 1945 immer wieder an ihn gerichtete Frage „Warum sind Sie nach den Anfeindungen der Nazis nicht emig-

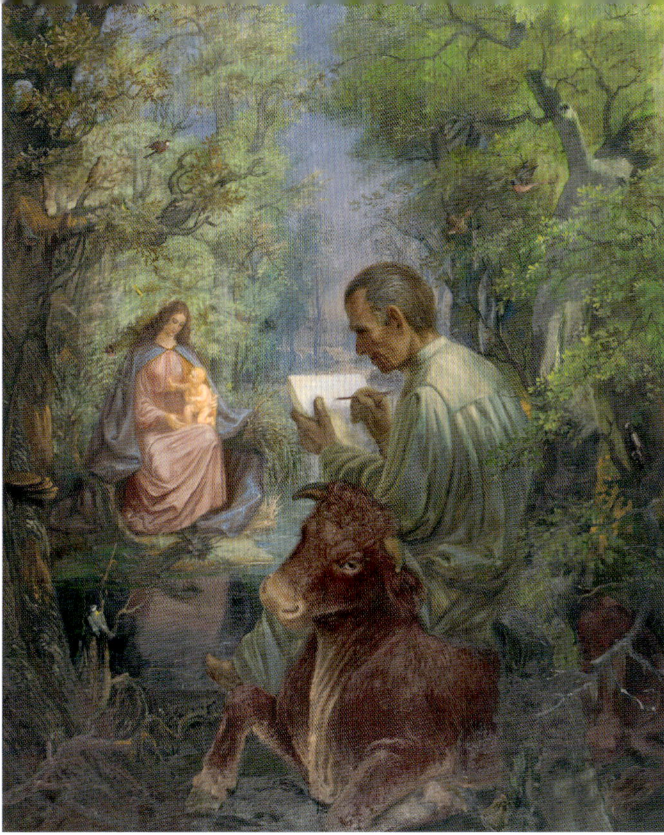

Der Heilige Lukas malt die Madonna (Selbstbildnis), 1943,
Mischtechnik auf Holz, 212 × 175 cm

riert?“ antwortet er: „Ich habe Landschaften gemalt – das war doch Emigration. Übrigens: wie konnte man denn emigrieren, wenn man hier einen Stall voll Bilder hat? Da wären die Nazis gekommen und hätten alles beschlagnahmt. Das ist doch unmöglich!“

Ein Erlebnis beim Porträtieren in Dresden schenkt dem Maler ein Motiv, das er während der Jahre 1938 und 1944 in sechs Variationen wiederholt malt, dazu in sehr vielen Zeichnungen

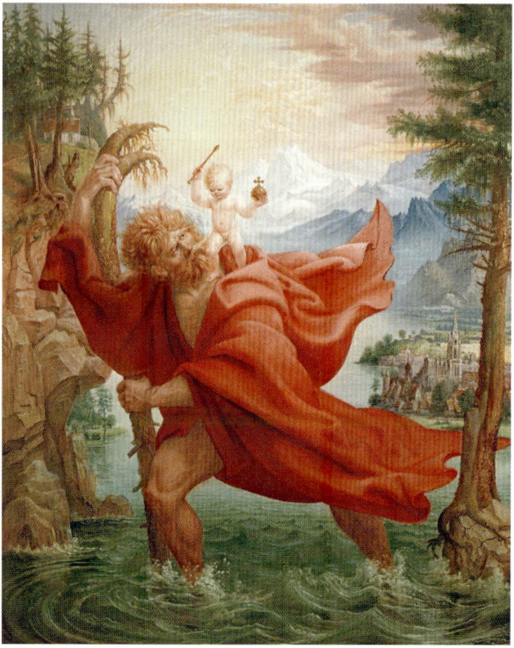

Der Heilige Christophorus IV, 1939, Mischtechnik auf Holz, 163 × 133 cm

und Pastellen darstellt: Während einer Modellpause beim Arbeiten am Bildnis Theodor Däublers hat dieser den kleinen Dix-Sohn Jan auf die Schulter genommen. Daraufhin malt sich Otto Dix 1930 selbst mit dem nackten Kleinkind frontal bildfüllend und verwandelt wenig später das Motiv zum Thema des *Heiligen Christophorus*. Mit dramatisch wehendem Mantel-Umhang trägt der Beschützer aller Reisenden das Christuskind durch wild bewegte Fluten unbeschadet von einem Flussufer zum anderen – auch dieses Bild ist deutlich gleichnishaft gemeint. Ausblicke in renaissancehaft komponierte felsige Landschaften komplettieren die Bilder.

Für Dix' Malweise bedeuten die letzten Jahre vor dem Beginn des Zweiten Weltkriegs wiederum eine radikale Änderung. So beschreibt er 1944 rückblickend: „Die veränderte ‚Technik' (das Wort ist ganz falsch, es ist eigentlich eine neue Art von Sehen, die bei mir eingesetzt hat) erzeugt viele und seltsame Blüten. Auf jeden Fall ist festzustellen: I. ist die Malerei spontaner geworden, die lausige Vorsicht, die man mit andauernden Lasuren immer haben mußte, ist weg; II. es wird alles gröber, Gott sei Dank, ich habe in den letzten Jahren viel zu spitzpinselig gemalt und komme nun wieder auf die Zeit meines ersten Kriegsbildes, also eine Art Entfesselung tritt ein. III. das formal Räumliche weicht dem farblich Räumlichen, und Farben fangen an, ‚Klänge' zu bilden. IV. ich werfe nach Belieben alle Idealkomposition, Goldenen Schnitt und all diesen Renaissancekram über Bord und male ‚entfesselt'. Und während ich dies schreibe, merke ich, dass man das alles gar nicht erklären kann, die Bilder haben trotz der Entfesselung mehr ‚Form'."

Die Steigerung der malerischen Form für die Gewinnung eines bestimmten Ausdrucks ist Otto Dix immer ein äußerst wichtiges Anliegen gewesen.

Reine Primamalerei, wie vor der Verwendung der Lasuren in den 20er-Jahren, wird der Maler in den 50er- und 60er-Jahren nur selten anwenden. Vieles an den komplizierten Lasuren, die große Geduld erfordern, entwickelt Dix neu mit Materialien, die nicht mehr die lange Trockenzeit benötigen und die Fertigstellung eines Bildes weniger vom künstlerischen Vorgang als von der Trocknung der Schichten abhängig machen. Dix' Temperament ist dieser Malart im Grunde absolut entgegengesetzt. Sein Sohn Ursus beschreibt im Katalog *Otto Dix 1891–1969* zur Ausstellung 1985 in der Villa Stuck, München, ausführlich die Maltechniken des Vaters. So wechseln nun „moderne" Lasurtechnik und reine Ölmalerei einander ab.

Wieder Krieg

Schon im November 1938 muss Martha Dix, während der Abwesenheit des Malers nach der Pogromnacht, in Hemmenhofen eine Hausdurchsuchung erleben mit diskriminierenden Äußerungen der Gestapo über die Bilder von Dix. Nach dem Attentat von Georg Elser auf Hitler am 8. November 1939 in München werden Otto Dix und Friedrich Bienert in Dresden von der Gestapo der Mittäterschaft verdächtigt, verhaftet und verhört. Verschärft wird der Verdacht durch Dix' Name auf einer Geheimliste des Reichsführers der SS zur „Erfassung führender Männer der Systemzeit". Erst Aussagen von Frontkameraden aus dem Ersten Weltkrieg bewirken nach einer Woche die Freilassung von Dix. Während des Krieges wird der Alltag noch anstrengender, die Auflagen durch die Reichskulturkammer werden immer rigider, und die Malmaterialien bekommt Dix nur auf Bezugschein zugeteilt.

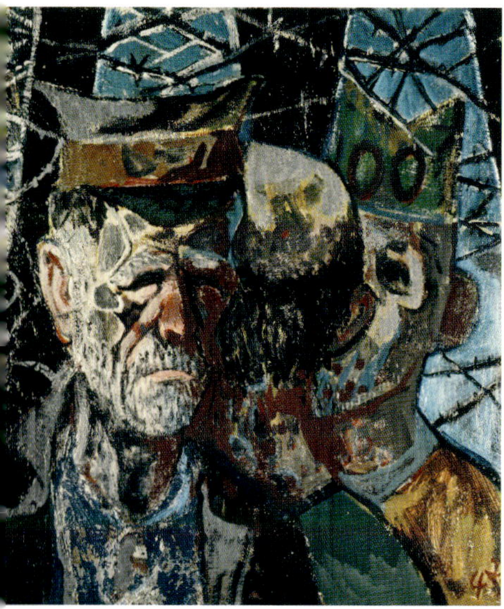

Selbstbildnis als Kriegsgefangener, 1947, Öl auf Hartfaserplatte, 60 × 54 cm

Mit der Angst, dass kriegerische Handlungen den Bodenseeraum trotz der Nähe zur kriegsneutralen Schweiz unmittelbar berühren werden, sorgt Dix für die möglichst sichere Unterbringung seiner Bilder außerhalb seines Ateliers in verschiedenen Dörfern, dasselbe in Dresden. Dort haben bereits in den Jahren zuvor Freunde, am zupackendsten Friedrich Bienert, für die Sicherheit des Werkes vor dem Zugriff der Nationalsozialisten gesorgt, nun gilt es, Schutz vor Bombenangriffen zu finden. In großen Kisten verlassen Bilder und Arbeiten auf Papier heimlich die Stadt und überstehen auf dem Territorium des Mühlenbesitzers auch die Kriegsjahre, darunter das Triptychon *Der Krieg*.

IN FRANZÖSISCHER GEFANGENSCHAFT

Am 15. März 1945 wird Otto Dix mit 54 Jahren zum Volkssturm eingezogen und an die Westfront geschickt. Einen Monat später gerät er in französische Kriegsgefangenschaft. In Logelbach bei Colmar muss Dix nicht lange interniert bleiben. Als berühmter Künstler erkannt, ist ihm erlaubt, die meiste Zeit außerhalb des Lagers zu leben. Er bekommt von örtlichen Geschäftsleuten Aufträge für Porträts und Landschaftsbilder. Für sie streift er durch die Vogesen, arbeitet im Atelier bei dem Maler Robert Gall in Colmar und später bei dem Fabrikanten Dürr als Autolackierer.

Im Juni 1945 entsteht im Auftrag der französischen Militärverwaltung für die katholische Kapelle der Kriegsgefangenen das Altarbild *Madonna vor Stacheldraht* mit Petrus und Paulus auf den Seitenflügeln. Ohne die wiederholten Besuche des Malers vor dem *Isenheimer Altar* von Matthias Grünewald und der *Madonna im Rosenhag* von Martin Schongauer in Colmar ist das Werk wohl nicht denkbar. Dasselbe gilt für später entstandene Bilder mit religiösen Themen.

Obwohl es Dix in Logelbach und Colmar physisch viel besser geht als seiner Familie in der französisch besetzten Militärzone, ersehnt er die Entlassung. Im Januar 1946 kann er aus der Gefangenschaft nach Hemmenhofen zurückkehren, fühlt sich jedoch leer, ohne Antrieb zum Malen und gebremst durch materielle Not.

In dieser Stimmung ist noch 1947 das Gemälde *Selbstbildnis als Kriegsgefangener* zu sehen, eine Rückschau mit absolut illusionslosen Zügen im Ausdruck bei ihm und den beiden Mitgefangenen vor Stacheldraht. Die dunklen Grüntöne verstärken den düsteren Eindruck. Hier wird verständlich, dass das Motiv des *Hiob* für Dix Teil der Aufarbeitung der Jahre des Faschismus bedeutet, tragische Verstrickung statt heldenhafter Gewissheit im Auftreten.

BIBLISCHE THEMEN

Biblische Themen, die in den letzten Jahren und Jahrzehnten Bedeutung bekommen haben und in verklausuliertem Vortrag die Haltung des Malers zum Zeitgeschehen zeigen, werden von nun an zahlenmäßig noch größer. Sie betreffen nicht mehr nur die Gemälde, sondern auch die Zeichnungen und die Druckgrafik. Nach den minutiösen Landschaftsbildern mit allegorischen biblischen Themen befremdet Dix nun das Publikum mit den neuerlich expressiven, direkten religiösen Darstellungen.

Ab 1948 nimmt der Künstler die Lithografie wieder in sein Œuvre auf, was durch das Entdecken der Lovis-Presse und durch die Druckmöglichkeit in Schwenningen im Schwarzwald bedingt ist. 26 Lithografien zur Bibel entstehen allein bis zum Jahr 1960, danach werden 32 Blätter zum *Matthäus-Evangelium* von Zinkplatten für den Verlag Käthe Vogt in einer Buchauflage von 2000 gedruckt.

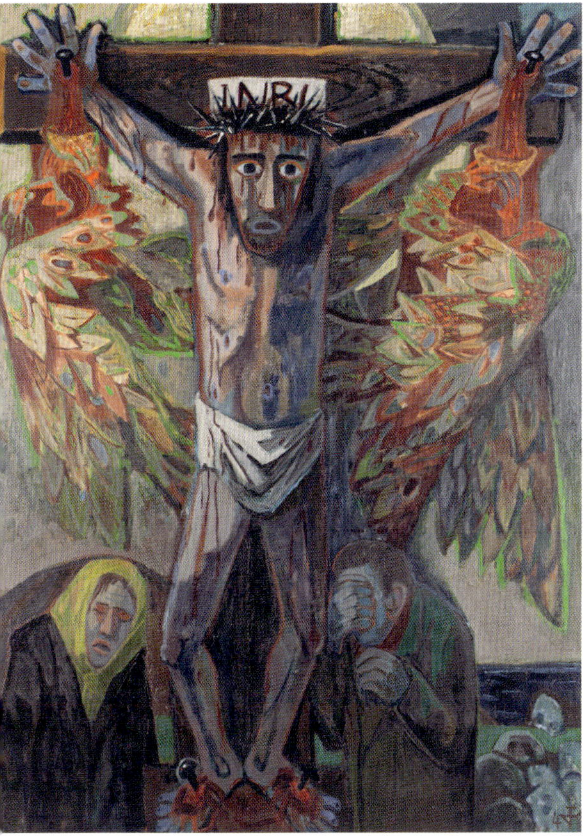

Große Kreuzigung, 1948, Öl auf Leinwand, 210 × 150 cm

Parallel und auch später lässt Dix die biblische Geschichte, insbesondere das Leiden Christi als Darstellungsmotiv, nicht los. Im Unterschied zu früheren Jahrzehnten sieht der Künstler nun die Themen mit elementarer Anteilnahme als immer gültige Aussage zu Schuld, Versagen, Leiden des Menschen. In solcher Verallgemeinerung erinnert Dix in diesen Jahren an den Maler und Radierer Rembrandt van Rijn. Mit großer Bewegtheit und Dramatik wird dies 1948 im Bild *Große Kreuzigung* vorgetragen. In seiner kühnen Zusammenfassung aller Details steht das Bild im Gegensatz zu kleinteilig gemalten

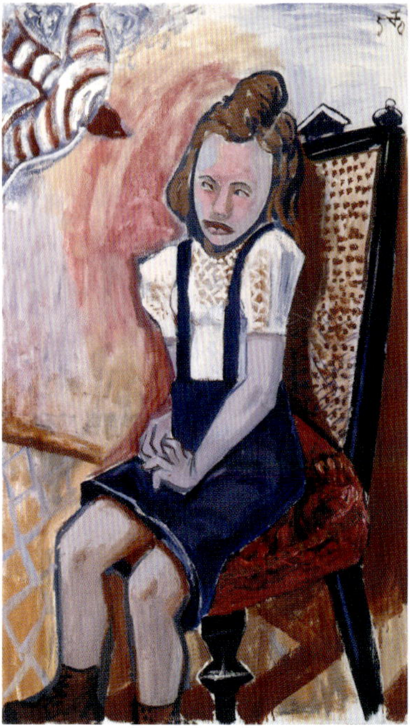

Kleine Verkündigung (Urte), 1950, Öl und Tempera auf Leinwand, 106 × 65,5 cm

Abstrakte Elemente sind in jeder Kunst, sogenannte gegenstandslose Kunst ist ein neues Kunstgewerbe.

Otto Dix an Ludwig Kassàk, 24.7.1958

religiösen Motiven der 30er- und 40er-Jahre. Als Realist vertritt Dix zu den religiösen Themen die Meinung, „man muß sich identifizieren können mit den Ereignissen, wie das auch die alten Meister taten. Man muß auch eine Marter ansehen können, ohne in Mitleid zu zerfließen."

Bis 1964 hat Otto Dix in sehr vielen Zeichnungen, Pastellen, Gemälden und Lithografien das Leben Christi dargestellt. Am Anfang – im doppelten Sinn – gehört die *Kleine Verkündigung (Urte)* aus dem Jahr 1950 dazu. Hier wirkt die verlegene Zurückweisung des kindlichen, modellhaften Mädchens geradezu rührend, ein Empfinden, das es bisher in Bildern von Dix nicht gegeben hat. Die zupackende, flächiger gewordene Malweise wirkt auch hier.

In Ost und West

So sehr sich in diesen Nachkriegsjahren der realistisch arbeitende Künstler durch die zunehmende Tendenz zur abstrakten Malerei aus Paris und den USA benachteiligt sieht, und es tatsächlich gewesen ist, wird doch der Einfluss der Abstraktion auf die deutsche Kunst auch in Dix' Arbeiten deutlich. Im *Winter am See*, entstanden 1951, kann das besonders gut beobachtet werden. Große, einheitliche Farbzonen fast ohne Binnenzeichnung bestimmen das Bild; dafür umranden markante Linien einzelne Landschaftsteile. Selten ist die Veränderung, die Zusammenfassung so radikal in Dix' Œuvre vorgetragen worden.

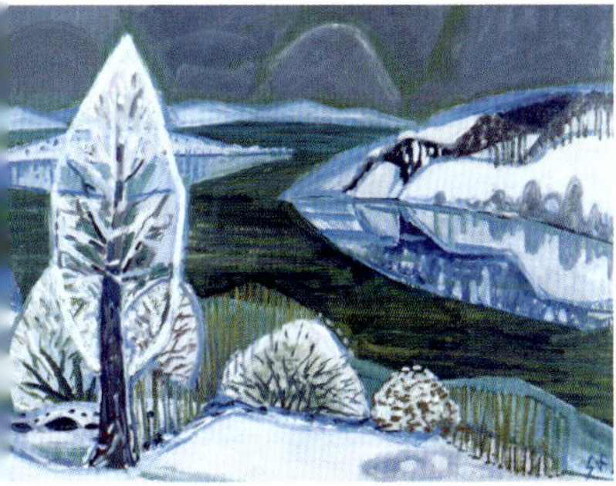

Winter am See, 1951, Öl auf Pappe, 54 × 72,5 cm

Die Klagen des Künstlers wegen seiner Zurücksetzung im öffentlichen Ausstellungsbetrieb sowie die mangelnde Aufmerksamkeit der Presse bis in die 60er-Jahre sind mit wenigen Ausnahmen berechtigt. Er selbst wiederum reagiert herablassend auf die zeitgenössische Kunst, in der er eine schlechte Mode erkennen will. In regionalen Veranstaltungen ist Dix zwar sehr wohl vertreten, doch bei den großen Ausstellungen, die die wichtigen Strömungen der Zeit präsentieren, wird er nicht berücksichtigt. Die Verstimmung darüber lässt ihn nach Ostdeutschland blicken, wo eine realistische Kunst als Gegenhaltung zur „Westkunst" die Öffentlichkeit bestimmt. Allerdings wird Dix dann auch in der DDR zurückgewiesen, was ihn die wichtige Aussage treffen lässt: „Ich mal's ja gar nicht für die. Weder für die noch für die."

Der frühere Vertraute in Dresden, Will Grohmann, bezieht Otto Dix 1946 nach einem Besuch in Hemmenhofen, gemeinsam mit Hans Grundig, jetzt Rektor der Dresdner Akademie, in die *Allgemeine Deutsche Kunstausstellung* in Dresden ein. Hier wird mit großer Resonanz das Triptychon *Der Krieg* präsentiert, allerdings mit einem falschen Seitenflügel. Will Grohmann besorgt ebenfalls die Interzonenpapiere zum ersten Besuch in Dresden, das in der sowjetisch besetzten Zone liegt. Die Reise gelingt erst im Herbst 1947. Dix ist erschüttert von der in Trümmern liegenden Stadt.

Nach langen mühevollen Verhandlungen, die sich von 1947 bis 1948 hingezogen haben, wird entschieden, dass der Künstler nicht als Lehrender an die Kunsthochschule auf der Brühlschen Terrasse zurückkehren wird.

1949 wird er dort noch Jurymitglied für die *Zweite Deutsche Kunstausstellung*; in der dritten 1953 ist er nicht mehr vertreten. Seine Bilder werden in Folge der Formalismusdebatten ausjuriert. Genauso schmerzt die Zurückweisung seiner im selben Jahr beim Deutschen Künstlerbund eingereichten Bilder. Er reagiert mit dem Austritt. Dix wird in dieser Zeit ebenso zum Opfer der Proklamierung des Sozialistischen Realismus in Ostdeutschland wie auch der allgemeinen Verdammung des Realismus in Westdeutschland. Jahre später wird Grohmann, der zum großen Ärger von Dix lautstark für die abstrakte Kunst eintritt, gestehen, dass man Dix immer wieder Unrecht getan hat. „Wir haben an Otto Dix viel gutzumachen." (1963) Er sieht den Maler als „sozialen Realisten. Als dieser ist er bisher am stärksten in das Bewußtsein seiner Zeitgenossen eingegangen."

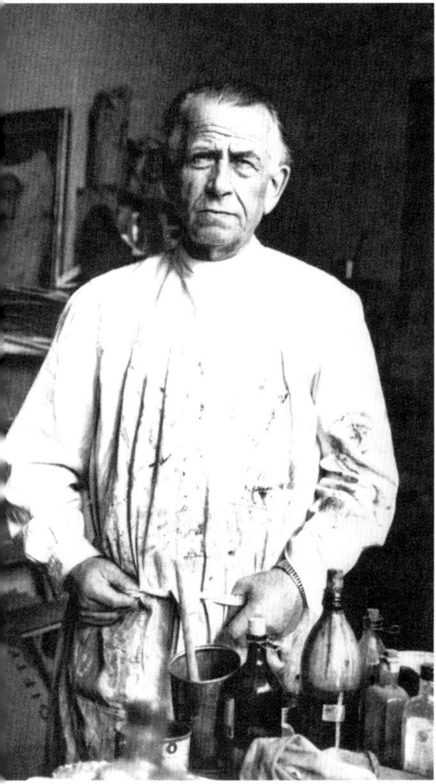

Otto Dix im Atelier, um 1960

Nicht zuletzt bestimmt auch die Währungsreform von 1948 mit der Einführung der D-Mark in den Westzonen, also auch am Bodensee, das Ende aller Überlegungen. Otto Dix ist tief enttäuscht.

Ähnlich negativ verlaufen die anfänglichen Werbungen, als ordentliches Mitglied der ehemals Preußischen Akademie der Künste – jetzt Deutsche Akademie der Künste zu Berlin – mit monatlichem Gehalt und großzügigem Meisteratelier nach Ostberlin umzuziehen. Hier ist heute in den Archiven bereits vor der Neugründung 1950 die Intervention und Zurückweisung des Vorschlags durch die Politik der SED nachzuweisen. Es bleibt als Wiedergutmachung 1957 die erste umfassende Retrospektive für den Künstler in den Räumen der Deutschen Akademie der Künste zu Berlin. Die dritte Ehrung wird auf der westlichen Seite ebenfalls durch politische Intrigen vereitelt, indem ostdeutsche gegen westdeutsche Parteiauffassungen ausgespielt werden: Dix ist die Berufung an die Zeichenklasse der Düsseldorfer Kunstakademie angetragen worden; doch trotz der Zustimmung aller Professoren-Kollegen dort – „Alle Düsseldorfer Künstler würden eine Berufung von Otto Dix, der gerade als Zeichner einen hervorragenden Ruf in der ganzen Welt genießt, begrüßen" – kommt die Anstellung nicht zustande. Dix wird seine erste Personalausstellung 1949 in Dresden angelastet. Der Freund Fritz Löffler hat sie mühevoll und energisch durchgesetzt. Das führt auf der Westseite Deutschlands zum Resümee: „Es sei nicht verantwortlich, einen Mann mit so fragwürdigem Prestige zu berufen."

So versanden die drei Angebote zu Mitgliedschaften und Professuren für Dix wegen politischer Querelen, in denen er als Opfer des Kalten Krieges zu sehen ist. Wieder bleiben für den Künstler Porträtaufträge als Säule zur Bewältigung des Alltags. Tatsächlich ragen wenige dieser Bilder aus dem Alltäglichen heraus. Erst in den 60er- Jahren entstehen noch einmal bewundernswerte intensive Bildnisse.

Vom Stadtrat in Gera 1947 zur Beteiligung an einer Ausstellung dort geworben, die den Titel *Geraer Künstler stellen zur Diskussion* haben soll, schreibt er apodiktisch:

> „Ich stelle meine Arbeiten nicht zur Diskussion aus sondern zur Betrachtung und dazu gehört, daß man nicht redet. Wir haben nun in Deutschland jahrelang die Stimme des Volkes über künstlerische Dinge gehört und wie wenig ist über das wahre Wesen der Kunst dabei herausgekommen. Jeder glaubt zu wissen, wie Kunst sein sollte. Die wenigsten haben aber den Sinn, der zum Erleben von Malerei gehört, nämlich den Augensinn. Und zwar einen Augensinn, der Farben und Formen als lebendige Wirklichkeiten im Bilde sieht. Denn nicht die Gegenstände, sondern die persönliche

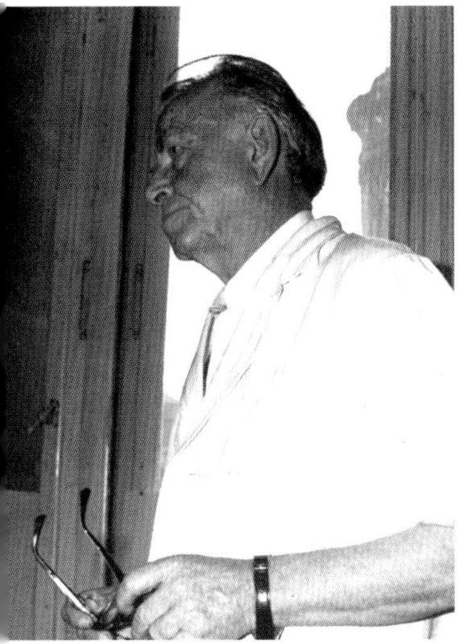

Otto Dix bei seinem ersten Besuch in Dresden nach dem Krieg, 1947

Aussage des Künstlers über die Gegenstände ist wichtig im Bild. Also nicht das Was, sondern das Wie. Denn das, was am Kunstwerk erklärbar ist, ist wenig, das Wesentliche an ihm ist nicht erklärbar, sondern allein schaubar."

Der reflektierende Künstler Dix wird mit seinen Lebens- und Kunsterfahrungen, auch mit der Kunstpolitik, in den folgenden Jahrzehnten immer wieder die kurz gefasste Form gebrauchen, die zum Statement wird und klar seine Position anzeigt, so 1958: „Abstrakte Elemente sind in jeder Kunst, so genannte gegenstandslose Kunst ist ein neues Kunstgewerbe." „Nein, ich schloß mich keinem politischen Programm an, ertrug wahrscheinlich diese Phrasen nicht. Wenn die nur kamen und uns etwas erzählen wollten, war es schon aus bei mir. Ich wollte mich nicht einspannen lassen."

DER KÜNSTLERISCHE GRENZGÄNGER

Die endliche Spaltung Deutschlands in zwei Staaten macht Dix spätestens ab 1949 trotz aller bürokratischen Hürden zum Grenzgänger zwischen West- und Ostdeutschland. Seine Heimatstadt Gera bleibt ihm nah, und das geliebte Dresden wird wie ehedem zur zweiten Heimat. Jährlich verbringt er längere Aufenthalte zur Arbeit in seinem unzerstört gebliebenen Atelier und in der Druckwerkstatt für Lithografie in der Hochschule. Befragt, weshalb er kontinuierlich gerade Dresden besucht, ist seine Erklärung unter anderem: „Dazu kommt, daß

Es gibt Leute, die glauben, sie müßten sich im Alter selber nachahmen. Ich könnte mich totlachen. Für mich gab es immer wieder Neues zu entdecken, so veränderte sich meine Handschrift. Aber Mittel blieben für mich Mittel. Immer geht es mir um die Aussage. Otto Dix, o. J.

mich die Stadt in ihrer ganzen Atmosphäre anspricht und die Menschen eine Sprache sprechen, die ich verstehe."

Die Hochschule für Bildende Künste Dresden, Dix' ehemalige, umbenannte Kunstakademie, verleiht ihm 1957 den Status des Ehrensenators, was für seine Aufenthalte von Gewinn ist, denn nun wird die Arbeit in der Druckwerkstatt bei Alfred und Sohn Roland Ehrhardt offiziell und geachtet. – Die Stadt Dresden, stellvertretend für die DDR, fühlt sich durch die Aufenthalte und Ausstellungsbeteiligungen des Künstlers aus der Bundesrepublik allmählich geehrt. Das allerdings erst im späteren Verlauf der 50er-Jahre. Danach gehört Otto Dix zu den wenigen Künstlern, die in beiden deutschen Staaten erfolgreich und wertgeschätzt sind. Trotzdem trauen ihm letztlich bestimmende Parteikreise in der DDR wegen seiner Unerbittlichkeit aufgrund eigener Erfahrungen nicht.

Dix würdigt seine treuen Freunde in Dresden zunächst durch Porträtlithografien, beginnend sofort 1949 nach dem Wechsel von der Lovis-Presse in Schwenningen zur Steindruckerei in Dresden. Den Anfang bilden die kleinen Auflagen von Bildnissen der Ehefrauen sehr wichtiger Förderer und Freunde: Branka Musulin, Pianistin und Partnerin von Friedrich Bienert, ihrer Tochter und Olly sowie Stefan Bursche, gefolgt von drei Bildnissen von Dix' alter Mutter. Allein 18 Lithografien entstehen 1949, kaum verkäuflich und wohl auch nicht dafür

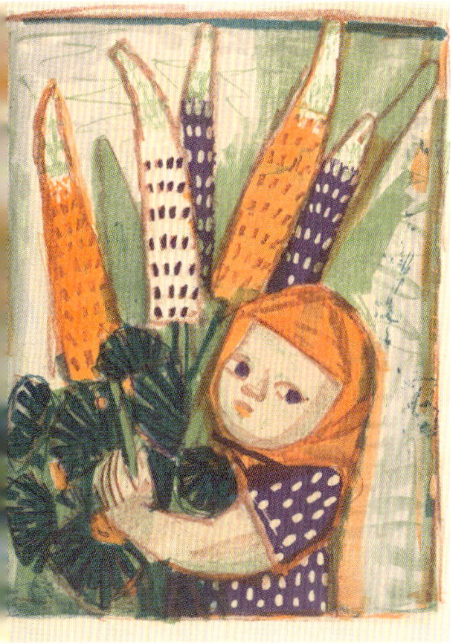

Kind mit Lupinen, 1960,
Farblithografie, 77 × 57 cm

gedacht. Insgesamt gibt es aus den Jahren von 1949 bis 1961 31 Bildnisse von Dresdner Persönlichkeiten, vorwiegend aus intellektuellen, künstlerischen Kreisen, wie das zeitlich letzte und künstlerisch bedeutendste des Zeichners Josef Hegenbarth. Dix bevorzugt den Umdruck; sehr selten zeichnet er direkt auf den Stein. Mit dieser Technik kann er von Hemmenhofen aus die Zeichnungen zum Drucker Ehrhardt vorausschicken, der daraufhin den Stein vorbereitet, denn Dix' Arbeitszeit in Dresden ist mit der begrenzten Dauer der Aufenthaltsgenehmigung exakt bemessen. Eine Eigenheit bleibt für den Maler: Häufig entsteht zuerst das Ölgemälde im Atelier, und danach wird dasselbe Motiv als Lithografie gedruckt. Als wäre das Bild, vergleichbar dem Karton, die Vorarbeit für das Endergebnis, die Lithografie. Sie wird damit gleichwertig neben das Ölbild gestellt, und schon ihre Gesamtzahl von 287 in den Jahren von 1948 bis 1968 bestimmt ihren Rang.

Bereits in Schwenningen hat Dix vorsichtig die Arbeit an Farblithografien wieder aufgenommen und danach in Dresden perfektioniert. Durch sie ist der Künstler insbesondere in Erinnerung, wenn an die Zeit der Dresdner Arbeitsjahre gedacht wird. Welche Konzentration dabei nötig ist und wie viele Komponenten zu bedenken sind, hat Otto Dix im Juni 1962 seiner Enkelin Bettina liebevoll erklärt: „Ich arbeite jeden Tag in der Druckerei und zeichne auf die Steine, von jedem Stein wird eine andere Farbe gedruckt und das muß natürlich am Ende zusammenstimmen, wenn die Farben auf das Papier gedruckt werden. Das ist manchmal recht schwierig, weil man ja so zu sagen blind arbeitet und das Ganze nicht übersehen kann."

Für die Farblithografien schickt Dix zur Vorbereitung der Steine in der Druckwerkstatt zuvor Pastelle nach Dresden, die jedoch im Ergebnis nie ein gedrucktes Pastell werden, sondern die Gesetze der Druckgrafik berücksichtigen. Die Motive werden so vielfältig wie bisher nicht gekannt. Stillleben und Landschaftsblätter erweitern sie und kommen zu der häufigsten Kategorie, dem Bildnis, und vor allem dem Selbstbildnis, hinzu, ebenso Themen aus dem Familienalltag mit den Enkelkindern und auch Reiseerlebnisse. Die alemannische Fasnacht beeindruckt Dix durch die Masken. Er feiert lebhaft mit und stellt sie gerne dar. Sie drängt ihn zu expressiver Malweise, die bis zum Arbeitsende erhalten bleibt und allmählich auch wieder die Porträts erobert. Diese berühren durch große Intensität. Hier zählen zu den beeindruckendsten Bildnissen 1966 das *Porträt Dr. Fritz Perls,* 1967 das *Bildnis des Dichters Max Frisch* und 1969 das *Selbstbildnis mit Marcella.*

INTERNATIONALE WÜRDIGUNG

Inzwischen erreichen den Maler Ehrungen über Ehrungen in der Bundesrepublik wie in der DDR, Retrospektiven seines Werkes, sowohl in deutschen Museen und Galerien als auch in europäischen und außereuropäischen Ländern. Hinzu kommen Mitgliedschaften, darunter in beiden deutschen Akademien der Künste im geteilten Berlin, 1964 die Ehrenmitgliedschaft in der Accademia delle Arti del disegno in Florenz, 1959 das Große Bundesverdienstkreuz und Einladungen zu deut-

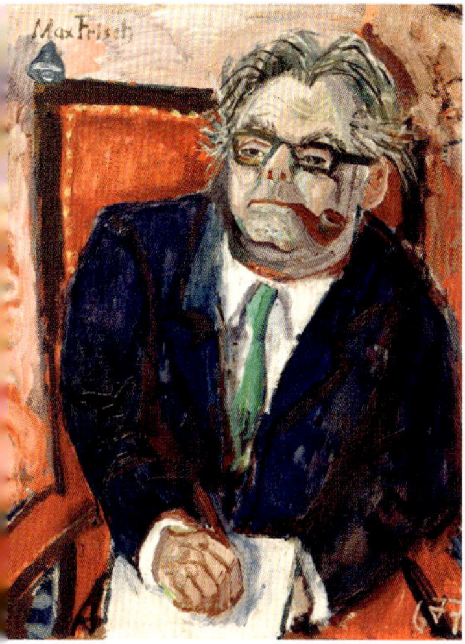

Bildnis des Dichters Max Frisch, 1967,
Öl auf Leinwand, 95 × 75 cm

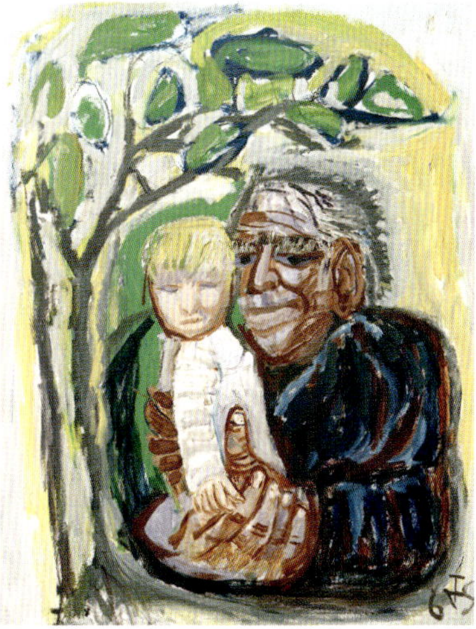

Selbstbildnis mit Marcella, 1969,
Öl auf Sperrholz, 86,5 × 68 cm

schen und internationalen Ausstellungsbeteiligungen. Sowohl in der Retrospektive der *Documenta I* – die als Wiedergutmachung der als „entartet" gebrandmarkten Künstler während der Nazizeit konzipiert ist – als auch der *Documenta III* (Zeichnungen) in Kassel ist er vertreten; 1962 wird Dix als Ehrengast in die Villa Massimo in Rom eingeladen.

1949 meint Dix noch gegenüber dem Freund Fritz Löffler in Dresden, dass die Franzosen gar nicht daran denken, Werke auszustellen, die so typisch »Boches« sind wie seine. So bedeutet 1961 die Erwerbung seines Porträts *Bildnis der Journalistin Sylvia von Harden* durch das Musée National d'Art Moderne, Paris, einen großen Triumph für den Künstler. Die beiden Dix-Biografen, Fritz Löffler in Dresden und Otto Conzelmann in Stuttgart, veröffentlichen grundlegende Monografien. Es ist die Zeit der Reisen, wiederholt nach Frankreich und nach Griechenland.

Krieg und Frieden, 1960, Wandbild,
Mineralfarben auf Mörtelputz, 500 × 1200 cm

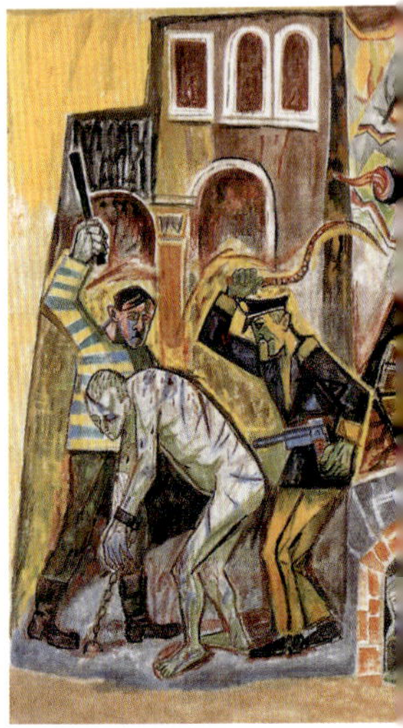

Zweimal noch arbeitet er im Auftrag der Region: 1959 entstehen drei Glasfenster nach Dix' Entwürfen für die Petruskirche in Kattenhorn auf der Höri am Bodensee, und 1960 setzt er die Arbeiten im Rathaussaal in Singen für das Wandbild *Krieg und Frieden* mit den gewaltigen Maßen von 5 × 12 m und für vier Paradiesszenen im Standesamt fort.

Weil in Dresden die Druckmöglichkeit an der Hochschule wegen verschiedener Umbauten ausfällt, hält sich Otto Dix das letzte Mal 1966 in Dresden auf und arbeitet dort in seinem Atelier. Zum Drucken von Lithografien nimmt er nun den kürzeren Weg nach St. Gallen, dort in der Erker Presse des Galeristen Franz Larese entstehen noch einmal 25 Blätter, auch Ausstellungen und neue Begegnungen mit Schweizer und deutschen Intellektuellen gehören zur Verbindung. Die Bekanntschaft mit Max Frisch führt zum *Bildnis des Dichters Max Frisch*, 1967, und zur gleichnamigen Lithografie, insbesondere aber noch einmal zu Selbstbildnissen, und da zu einem Hauptwerk von Dix' späten Arbeiten überhaupt, dem *Selbst als Totenkopf (Ehrung für Jean Cassou)*, 1968, einer Farblithografie mit ergreifender Wirkung und erstaunlicher Kraft.

Insgesamt interessieren sich Museen und die gesamte Öffentlichkeit nun stark für das Dix-Œuvre der 20er- bis in die 30er-Jahre zum Beginn der landschaftlichen Phase; das Frühwerk wird wenig wahrgenommen und immer „nur“ als frühes Werk – vor dem eigentlichen, dem spezifischen Dix-Œuvre – registriert.

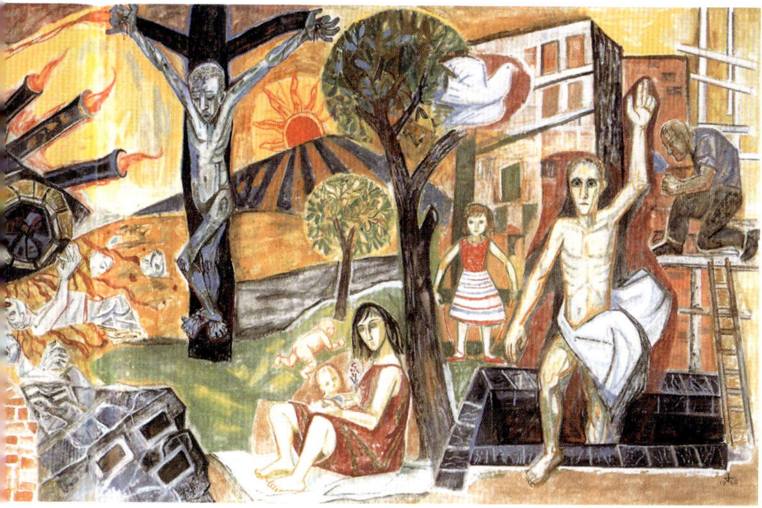

Für das Spätwerk gilt sehr lange Zeit der geheime Vorwurf des Konservativen, dem harmlosen Realismus zu sehr Verpflichteten, ohne rätselhaften Hintergrund. Deshalb wird es gar nicht oder kaum berücksichtigt. In Ausstellungen ist es meistens ausgespart, mit Ausnahme der Farblithografien. Die spannungsvolle Steigerung zu expressiven Arbeiten wird selten wahrgenommen.

Ein treuer Begleiter ist und bleibt in den Jahren auch vor dem internationalen Erfolg des Künstlers in den 60er-Jahren der Direktor der Galerie der Stadt Stuttgart, Eugen Keuerleber. Dank seines Engagements besitzt das Kunstmuseum Stuttgart heute die zahlenmäßig umfangreichste und inhaltlich bedeutendste Sammlung von Gemälden des Künstlers. Großes Aufsehen erreicht das Großstadt-Triptychon symptomatisch noch einmal am Anfang der 70er-Jahre, als die damalige Galerie der Stadt Stuttgart (heute Kunstmuseum), der Dix das Vorkaufsrecht eingeräumt hat, große Anstrengungen unternimmt, um die erforderliche Summe von einer Million DM für die Erwerbung

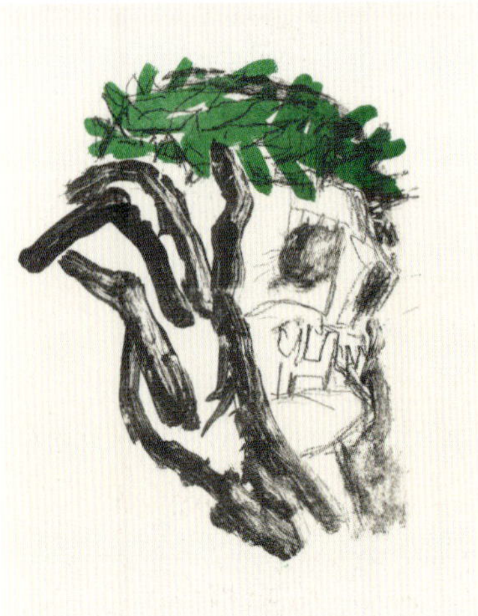

Selbst als Totenkopf (Ehrung für Jean Cassou), 1968, Farblithografie, 53 × 38 cm

zusammenzubekommen. In der öffentlich geführten Debatte um den Wert des Triptychons entladen sich sämtliche Vorurteile gegen den Künstler und dessen „hässliche“ Bilder. Selbst nach so vielen Jahrzehnten hat sich das Publikum noch immer nicht mit dem schockierenden, polarisierenden Künstler versöhnt. Außerdem betreibt das Kunstmuseum Stuttgart heute in Hemmenhofen das Museum Haus Dix, das Wohnhaus der Familie. Es ist Eigentum der Stiftung Otto Dix Haus.

DER „KÖNIG VON THULE“

Zum 75. Geburtstag 1966 ehrt Sohn Jan den Vater als „König von Thule“ mit seinen Goldschmiedearbeiten. Angetan mit diesen Zeichen, dem goldenen Becher und einem Lorbeerkranz, verschickt der Künstler stolz die Fotos als Dank für Aufmerksamkeiten. Der Grübler Dix, der intensiv die Zeitgeschichte reflektiert, beteuert: „Ich bin so ein Realist, wissen Sie, daß ich alles mit eigenen Augen sehen muß. [...] Mein Wahlspruch ist: ‚Trau Deinen Augen.‘“

Im November 1967 erleidet er einen Schlaganfall mit Lähmung der linken Hand. Die Genesung gelingt so weit, dass bis in das Jahr 1969 Bilder entstehen, zuletzt die *Salzburger Stadtlandschaft*. Es ist ein Motiv, das im Zusammenhang mit der Ehrung für den Künstler steht, der Verleihung des Rembrandt-Preises im Oktober 1968 in Salzburg. Nach dem zweiten

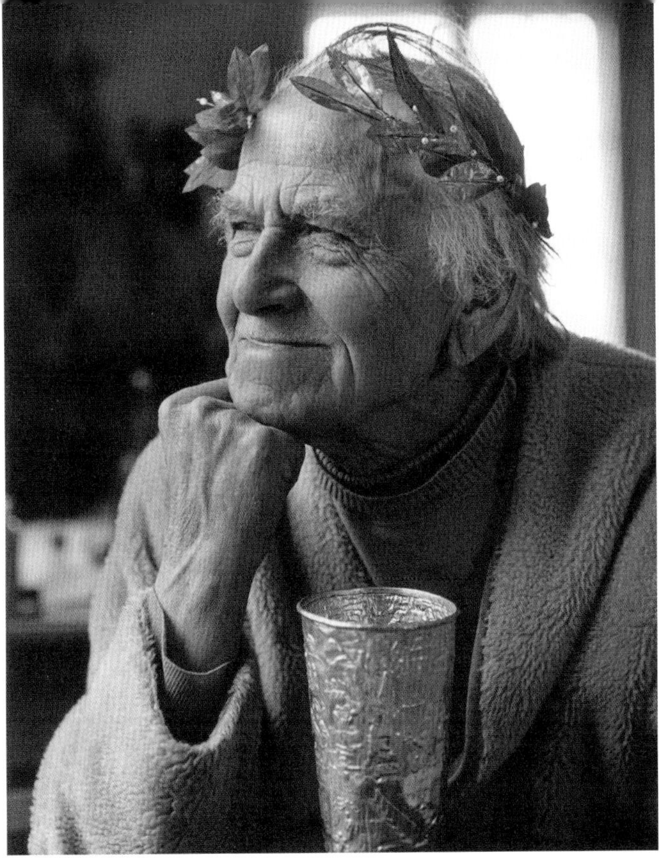

Otto Dix als „König von Thule", 1966

Schlaganfall im Juli 1969 verstirbt Otto Dix am 25. Juli im Krankenhaus Singen und wird unter großer Anteilnahme am 28. Juli auf dem Hemmenhofener Friedhof beigesetzt.

Auch fünfzig Jahre später bleibt seine eigene Einschätzung als Ehrung wirksam: „Man hat mich konservativ genannt. Vielleicht bin ich das auch, jedenfalls bin ich primitiv und volkstümlich. Ich brauche die Verbindung zur sinnlichen Welt, den Mut zur Häßlichkeit, das Leben ohne Verdünnung."

AQUARELL *Seit Beginn seiner künstlerischen Laufbahn arbeitet Dix mit dem Aquarell. Wesentliches Merkmal bleibt dessen Durchsichtigkeit. Es wird mit wasserlöslichen Farben lasierend mit einem Pinsel auf Papier gemalt. Untere Farbschichten können durch darübergelegte durchscheinen. Auch hier sind die Möglichkeiten zur Korrektur begrenzt.*

KARTON *Ebenfalls in altmeisterlicher Manier klärt Dix zur Vorbereitung vieler Bilder auf einem großformatigen Karton mit zeichnerischen Mitteln die Komposition, die Flächen- und Farbverteilung. Im klassischen Sinn ist auch für Dix die 1:1-Übertragung auf Leinwand oder andere Bildträger ideal.*

LASUREN *gehören bei Otto Dix zum Schichtenaufbau der Malereien und immanent zum Aquarell. Sie wirken transparent, lassen untere Partien durchschimmern und stärken die Leuchtkraft des Bildes, so etwa im Gemälde* Weiber.

LITHOGRAFIE *Die Lithografie ist traditionell das gebräuchlichste Verfahren im Flachdruck, bei dem auf einen sehr feinen Kalkstein gezeichnet bzw. durch den Umdruck der Zeichnung vom Papier diese auf den Stein gebracht wird. Die Technik basiert auf der Tatsache, dass sich Fett und Wasser gegenseitig abstoßen. Mühelos kann der Künstler mit fetthaltigen Stiften, mit Feder oder Pinsel zeichnen. Ein chemischer Prozess ermöglicht die Trennung der druckenden und nicht druckenden, in einer Ebene liegenden Teile.*

Für die Farblithografie wird pro Farbe ein Stein benötigt. Um sie am Ende passgenau übereinander drucken zu können, erleichtern Passerzeichen die Arbeit. Gedruckt werden zuerst die hells-

ten, dann die dunkelsten Farben. Die Zahl der von einem Stein möglichen Drucke ist beinahe unbegrenzt.

MISCHTECHNIK *ist eine Kombination von schichtenweise aufgegebener Untermalung auf dem Bildträger mit darüber gelegter Tempera, die verhältnismäßig schnell trocknet und somit das Auftragen von Ölfarben möglich macht. Dix wendet sie an, um seinen Gemälden große, „emailartige" Leuchtkraft zu geben (Curt Glaser), nach dem Vorbild der Meister der deutschen Renaissance. Insbesondere verehrt er Hans Baldung Grien, was ihm von seinem Freund George Grosz den Spottnamen „Otto Hans Baldung Dix" einbringt. Seit Mitte der 20er-Jahre bevorzugt der Künstler dieses Verfahren.*

SILBERSTIFT *Mit dem Silberstift zeichnet Dix seit dem Ende der 20er-Jahre, verstärkt ab den 30er-Jahren. Er fordert von sich dabei besondere Disziplin, denn auf der gut grundierten Zeichenfläche kann nur mit einer dünnen Silberspitze im Metallgriffel additiv gearbeitet werden. Korrekturen sind kaum möglich. Der anfänglich zarte graue Strich oxidiert später zu braun. Dix verwendet anachronistisch eine Technik, die vom 14. bis zum 16. Jahrhundert in der europäischen Kunst beliebt war.*

TEMPERA *besteht aus einer Emulsion von wässrigen und ölhaltigen Pigmenten mit deckender, wasserfester Wirkung. Auf ihnen ist sowohl mit Tempera als auch mit Ölfarben gut zu arbeiten.*

Ausgewählte Literatur

Conzelmann, Otto: *Otto Dix*, Hannover 1959

Das Auge der Welt. Otto Dix und die Neue Sachlichkeit, hrsg. von Nils Büttner und Daniel Spanke, Ausst.-Kat. Kunstmuseum Stuttgart, Stuttgart 2012

Karsch, Florian: *Otto Dix. Das graphische Werk*, Hannover 1970

Löffler, Fritz: *Otto Dix 1891–1969. Œuvre der Gemälde*, Recklinghausen 1981

Ders.: *Otto Dix. Leben und Werk*, Dresden 1989 (6. Auflage), London/ New York 1983

Lorenz, Ulrike: *Das Werkverzeichnis der Zeichnungen und Pastelle von Otto Dix*, hrsg. von Otto Dix Stiftung Vaduz, Weimar 2002

Dies.: „Otto Dix", in: *Allgemeines Künstlerlexikon*, Band 28, München/ Leipzig 2001, S. 43–50

Otto Dix in Chemnitz, hrsg. von Ingrid Mössinger und Thomas Bauer-Friedrich, Ausst.-Kat. Kunstsammlungen Chemnitz und Museum Gunzenhauser, München 2011

Otto Dix – Isenheimer Altar, Ausst.-Kat. Musée Unterlinden und Schongauer Gesellschaft, Colmar 2016

Otto Dix. Das graphische Werk. Aus der Schenkung Karsch/Nierendorf an die Berlinische Galerie, Ausst.-Kat. Graphische Sammlung der Berlinischen Galerie und der GrundkreditBank eG, Berlin 1999

Otto Dix, hrsg. von Olaf Peters, Ausst.-Kat. Neue Galerie New York und The Montreal Museum of Fine Arts, New York 2010/2011

Pfäffle, Suse: *Otto Dix. Werkverzeichnis der Aquarelle und Gouachen*, Stuttgart 1991

Schmidt, Diether: *Otto Dix im Selbstbildnis*, Berlin 1981

Welt und Sinnlichkeit. Otto Dix, hrsg. von Ulrike Lorenz, Ausst-Kat. Kunstforum Ostdeutsche Galerie Regensburg und Museum zu Allerheiligen Schaffhausen, Regensburg 2006

Wetzel, Maria: „Ein harter Mann, dieser Maler", in: *Diplomatischer Kurier*, 14. Jg., Köln 1965, Heft 18, S. 731–745

Standorte der abgebildeten Werke

Cover / S. 23: Von der Heydt-Museum, Wuppertal

Vorsatz / S. 48/49: Kunstmuseum Stuttgart

Nachsatz / S. 42: Kunstmuseum Stuttgart

S. 7: Staatsgalerie Stuttgart

S. 9: Kunstsammlungen Chemnitz – Museum Gunzenhauser

S. 12: Kunstsammlung Gera, Otto-Dix-Haus

S. 13: Zeppelin Museum Friedrichshafen

S. 18: Kunstsammlung Nordrhein-Westfalen, Düsseldorf

S. 20: Staatliche Museen Preußischer Kulturbesitz, Nationalgalerie, Berlin

S. 24: Staatliche Kunstsammlungen Dresden, Galerie Neue Meister

S. 25: verschollen

S. 26: Zeppelin Museum Friedrichshafen

S. 28: Zeppelin Museum Friedrichshafen

S. 29: Zeppelin Museum Friedrichshafen

S. 30: Kunstmuseum Stuttgart

S. 31: Kunstmuseum Stuttgart

S. 32: Marchivum, Mannheim

S.34: Kunstmuseum Basel

S.37: Städelsches Kunstinstitut, Frankfurt/Main

S. 38: Museum Folkwang, Essen

S. 39: Staatliche Kunstsammlungen Dresden, Kupferstich-Kabinett

S. 40: Musée National d'Art Moderne, Paris

S. 41: Kunstmuseum Stuttgart

S. 45: Museum Folkwang, Essen

S. 50/51: Staatliche Kunstsammlungen Dresden, Galerie Neue Meister

S. 58: Kunstmuseum Stuttgart

S. 59: Staatliche Kunsthalle Karlsruhe

S. 66: Kunstmuseum Albstadt, Stiftung Sammlung Walther Groz

S. 68: Kunstsammlungen Chemnitz – Museum Gunzenhauser

S. 71: Zeppelin Museum Friedrichshafen, Leihgabe der Otto Dix Stiftung, Vaduz

S. 72: Kunstsammlung Gera, Otto-Dix-Haus

S. 74: Otto Dix Stiftung, Vaduz

S. 77: Hessisches Landesmuseum Darmstadt

S. 78: Otto Dix Stiftung, Vaduz

S. 79: Otto Dix Stiftung, Vaduz

S. 85: Zeppelin Museum Friedrichshafen

S. 87 links: Privatsammlung

S. 87 rechts: Kunstsammlung Gera, Otto-Dix-Haus, Dauerleihgabe der Otto Dix Stiftung, Vaduz

S. 88/89: Rathaus Singen

S. 90: Zeppelin Museum Friedrichshafen, Leihgabe der Kulturstiftung der ZF Passau GmbH

Impressum

Konzeption der kleinen Reihe
Martina Padberg

Verlagslektorat & Redaktion
Rosa Baumgartner
Thomas Hauffe

Satz und Gestaltung
Christian Padberg

Gesamtherstellung
Wienand Verlag

Printed in Germany

Erschienen im
Wienand Verlag
www.wienand-verlag.de
Weyertal 59, 50937 Köln

© Wienand Verlag Köln
und der Autor, 2020

ISBN 978-3-86832-571-3

Umschlagabbildungen
Einband: *An die Schönheit*, 1922 (Detail); Vorsatz: *Großstadt* (Triptychon), 1927/28 (Detail); Nachsatz: *Prager Straße* 1920 (Detail)

Copyrightnachweis
Für alle Werke von Otto Dix:
© VG Bild-Kunst, Bonn 2021

Für George Grosz: © Estate of George Grosz, Princeton, N. J. / VG Bild-Kunst, Bonn 2021: S. 15

Für August Sander: © Die Photographische Sammlung / SK Stiftung Kultur - August Sander Archiv, Köln: S. 21

Fotonachweis
Akademie der Künste Berlin, Otto-Dix-Archiv: S. 47, 83, 91; akg-images: S. 5, 7, 15, 18, 20, 23, 25, 30, 38, 39, 41 re., 42, 45, 48/49, 50/51, 61, 72, 74, 81, 87 li., 87 re.; akg-images/André Held: S. 40; akg-images/Erich Lessing: S. 58, 59; akg-images/Patricia Sigerist: S. 64; Archiv Museum Gunzenhauser: S. 9, 68; Archiv Wienand Verlag, Köln: S. 12, 26, 28, 29, 31, 41 li., 56, 88/89; Archiv der Galerie Remmert und Barth, Düsseldorf: S. 17; bpk: S. 24, 34, 37; bpk/Städel Museum/ August Sander; für August Sander: VG Bild-Kunst, Bonn 2021: S. 21; ©Hessisches Landesmuseum Darmstadt, Foto: Wolfgang Fuhrmannek: S. 77; Kunstmuseum Albstadt, Stiftung Sammlung Walther Groz: S. 66; Kunstsammlung Gera: S. 6, 10; Marchivum, Bildsammlung, PK01667: S. 32; Otto Dix Stiftung Vaduz: S. 78, 79; © Rheinisches Bildarchiv Köln: Hugo Erfurth, rba_d017416: S. 46; Zeppelin Museum Friedrichshafen: S. 85, 90; Zeppelin Museum Friedrichshafen, Leihgabe der Otto Dix Stiftung Vaduz: S. 71; Zeppelin Museum Friedrichshafen, Leihgabe der Kulturstiftung der ZF Passau GmbH: S. 13

Gefördert vom
Verein zur Förderung von Kunst, Buchkultur und Medien e.V.

Bibliografische Information der
Deutschen Nationalbibliothek

Die Deutsche Nationalbibliothek verzeichnet diese Publikation in der Deutschen Nationalbibliografie; detaillierte bibliografische Daten sind im Internet über http://dnb.de abrufbar

Wienand-Publikationen werden weltweit in führenden Buchhandlungen und Museumsshops angeboten (Vertrieb in Europa, Asien, Nord- und Südamerika).

WIENAND[s]
KLEINE REIHE
DER KÜNSTLER-
BIOGRAFIEN

96 Seiten
12,95 €

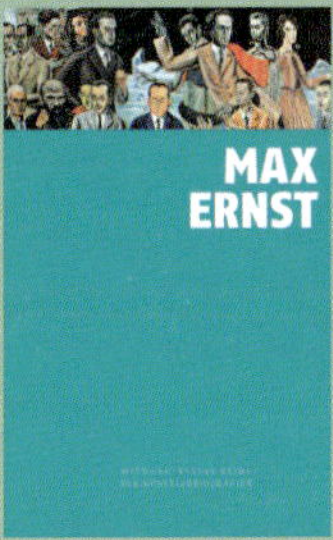

978-3-86832-539-3

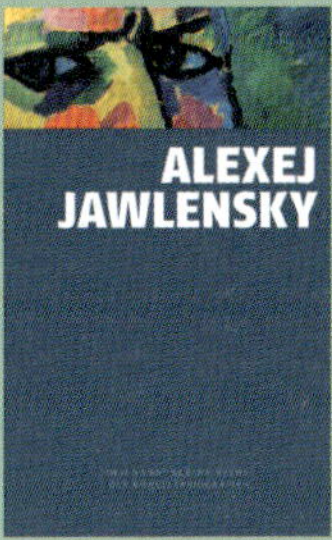

978-3-86832-286-6

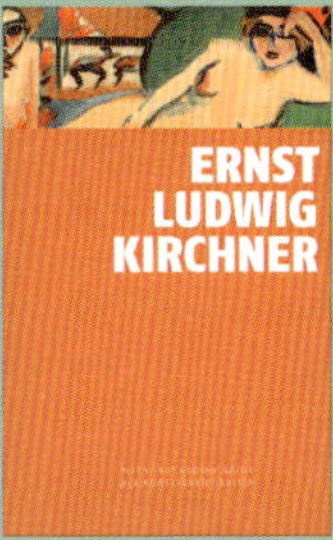

978-3-86832-389-4

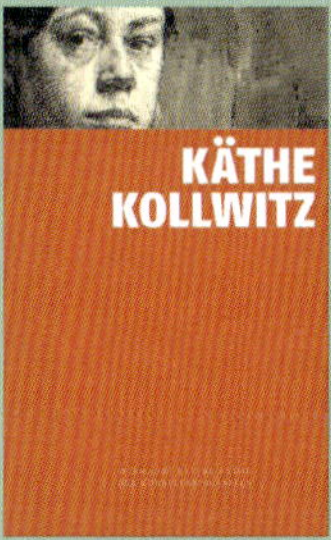

978-3-86832-285-9

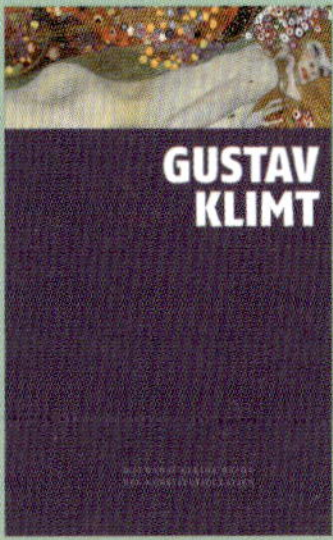

978-3-86832-387-0

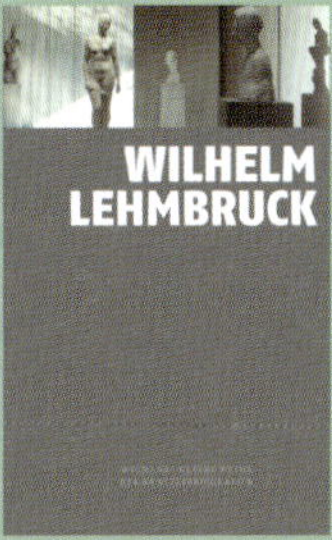

978-3-86832-388-7

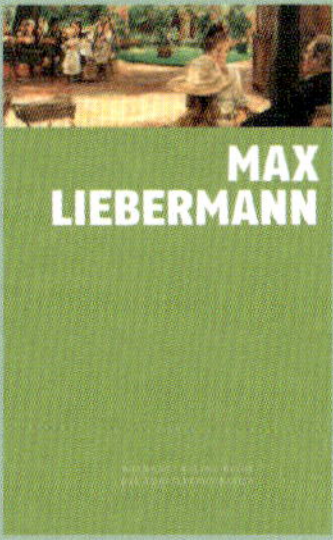

978-3-86832-373-3

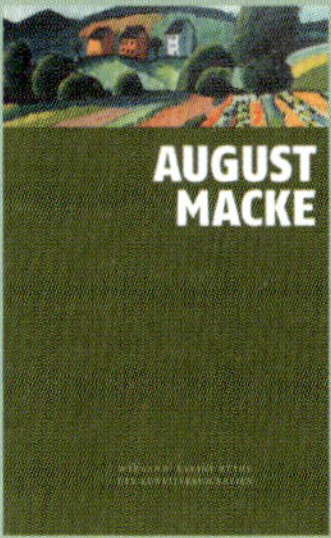

978-3-86832-208-8

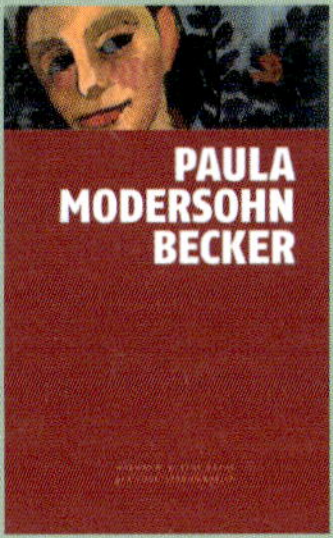

978-3-86832-210-1

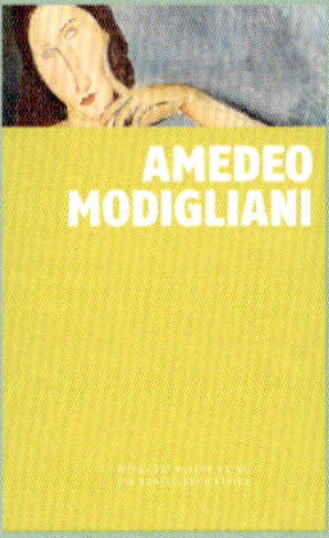

978-3-86832-574-4

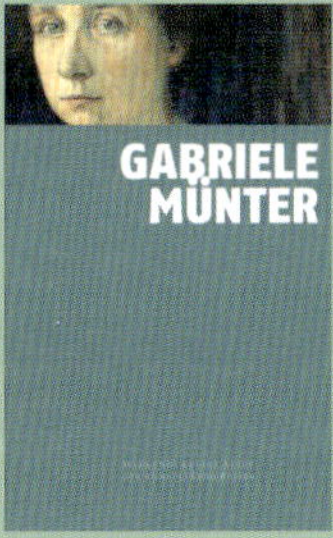

978-3-86832-372-6

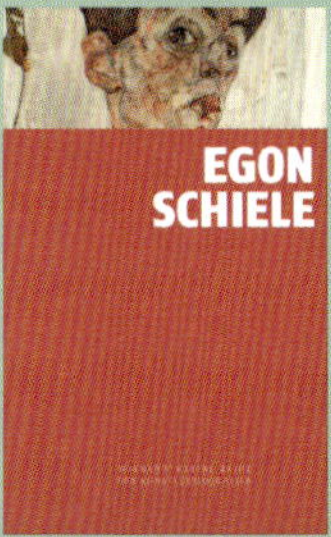

978-3-86832-374-0

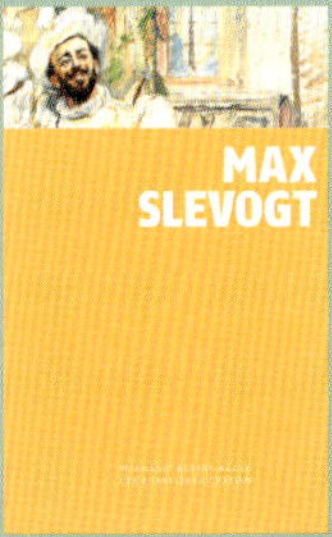

978-3-86832-442-6

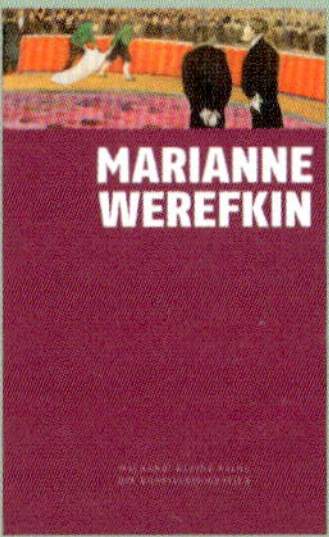

978-3-86832-540-9

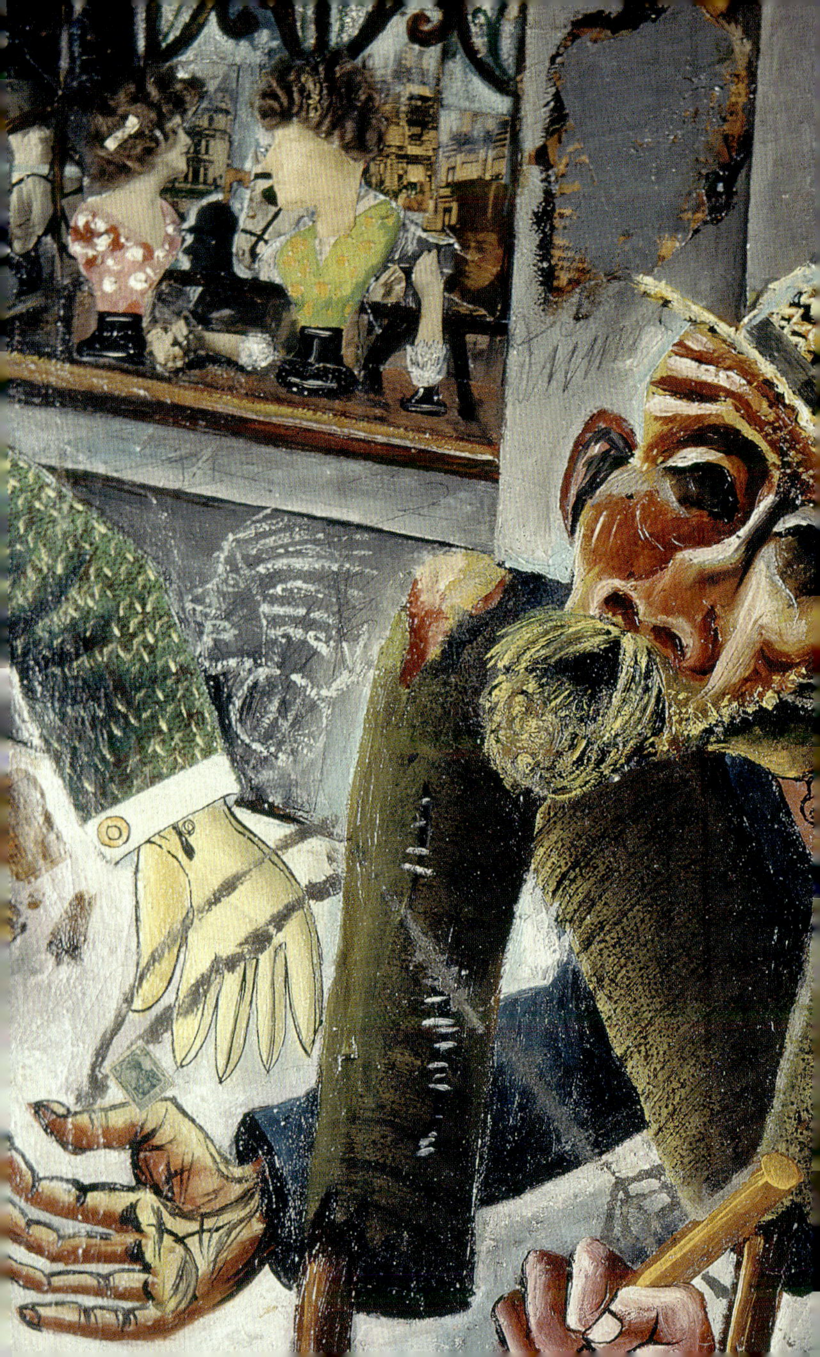